突破创新：教学改革研究

◎王传生　范延英／主编

首都经济贸易大学出版社
Capital University of Economics and Business Press
·北 京·

图书在版编目(CIP)数据

突破创新:教学改革研究/王传生,范延英主编. —北京:首都经济贸易大学出版社,2017.12

ISBN 978-7-5638-2838-8

Ⅰ.①突… Ⅱ.①王… ②范… Ⅲ.①高等学校—教学改革—研究—中国 Ⅳ.①G642.0

中国版本图书馆 CIP 数据核字(2018)第 166471 号

突破创新:教学改革研究

王传生　范延英　主编

责任编辑 周　欣

封面设计 小　尘

出版发行 首都经济贸易大学出版社

地　　址 北京市朝阳区红庙(邮编 100026)

电　　话 (010)65976483　65065761　65071505(传真)

网　　址 http://www.sjmcb.com

E-mail publish@cueb.edu.cn

经　　销 全国新华书店

照　　排 北京砚祥志远激光照排技术有限公司

印　　刷 北京玺诚印务有限公司

开　　本 710 毫米×1000 毫米　1/16

字　　数 145 千字

印　　张 8.25

版　　次 2017 年 12 月第 1 版　2017 年 12 月第 1 次印刷

书　　号 ISBN 978-7-5638-2838-8/G·419

定　　价 38.00 元

01

CONTENTS

02

CONTENTS

03

CONTENTS

基于创新创业人才培养的人文性大学英语教学模式*

刘重霄**

【摘 要】大学英语通过教师、学生和社会三个主体的输出与输入活动，构建了课堂教学、人文学术讲座、人文学术研究和人文社会实践四大平台，其中，课堂教学解构为课堂互动、人文知识输入、专业知识输入、自主学习能力检测四个维度的内容。四大平台以创新创业人才必备的知识、能力、思维和品格为核心，形成以人文性为特征的大学英语教学模式。本文对这一模式进行了教学实践解析。

【关键词】创新创业；大学英语；人文性；四大平台；教学实践

一、引言

培养创新创业人才是时代赋予高等教育的使命。随着新技术、新产品、新业态和新模式的兴起，新一轮科技革命和产业变革正在迅速开展。高等教育必须深化人才培养和教育教学模式改革，以适应社会发展对人才的需求。在此背景下，我校实施了一系列的改革举措，如开设了创新创业辅修专业、加大了创新创业实践课程在整体课程设置中的比重、参加了全国大学生创新创业实践联盟、开展了创新创业教学大讨论，以期在理论研究和教学实践中形成校本创新创业人才培养模式。旨在培养学生跨文化交往能力和国际规则意识的大学英语课程，在创新创业人才培养方面进行了理论探索和实践尝试，形成以输入和输出为渠道、以四大平台为载体、以人文性为特征的校本创新创业课程教学模式。

二、创新创业人才培养的大学英语教学模式

（一）课堂教学：教师输出与学生输入

创新以知识、能力、思维和素质为基础，创业是创新的社会实践。大学英语教学首先要帮助学生获得进行创新创业的知识、能力、思维和素质。文秋芳指

---

* 本文为首都经济贸易大学2017年教改立项项目“互联网环境下大学英语教学主体人文性建构研究”的部分研究成果。

** 作者简介：首都经济贸易大学外国语学院，教授。

出，英语教育的人文性体现为思辨能力，即批判性思维，其培育方式体现在教学材料的选择和语言材料的理解和运用上。英语教材和教学内容的选择，要建立在学生的认知、情感和道德全面发展基础之上，要具有一定的思想境界，能够传播和弘扬正能量。要使学生在学习语言知识的过程中，潜移默化地受到精神上的熏陶（文秋芳，2014）。基于此理念，大学英语以培养学生的理解能力、赏析能力和应用能力为目标进行教学材料和教学内容选择。在理解能力方面，要求了解必要的历史、地理、文化、社会、宗教等背景知识，能用“外国的东西对照中国，文学的东西反映社会”。在赏析能力方面，“要关切人世间各种问题”，提升“分析、评论和批判”的能力，在意识形态多元化的时代，“学会明辨是非”，敢于“质疑、反思和挑战”。在应用能力方面，强调通过阅读带动听力、口语、写作和翻译的训练，提高学生的语言技能（杨立民，2012）。

针对上述能力培养目标，从四个方面进行教学设计，即课堂互动、人文知识输入、专业知识输入、自主学习能力检测，以此实现创新创业在课程学习方面的训练。

1. 课堂互动

这里，我们以课文 *Diogenes and Alexander* 为例说明如何进行课堂互动。在课堂教学过程中介绍涉及的背景知识 Diogenes、Alexander（人物类）、origin of cynicism & cynics（哲学思想类）、euphemism、transferred epithet、paradox、analogy（修辞类）、power of Achilles（神话典故类），为提高理解能力奠定基础。考查文章中出现的重点词汇 acclaim、chivalrous、convert、creed、discard、elaborate、emulate、inhabit、lunatic，增加学生的词汇量。提出引导文章阅读的启发性问题：①Would you dismiss Diogenes' s Philosophy altogether since it seems to be against progress and Civilization? Have you learned anything from this essay? ②Would you rather be Diogenes with his philosophy or Alexander with his power? ③What is the structure of the text? 通过对这些问题的思考，培养学生的质疑能力、思辨能力和逻辑思维能力。

2. 人文知识输入

大学的课程学习为创新创业奠定了知识基础，做好了能力储备，这种知识和能力似乎与学生在未来真实的社会情景中发生的创新创业关系不大，但这种学习和训练能够全面培养学生创新创业的潜质、思维和品格。大学英语教学不仅要满足学生将英语当作一门工具进行语言交流的需求，还要满足其思维和意识层面人文素质提升的需求。

英语学习者不仅要学习、掌握和传播西方文化知识，还要向世界介绍自己的国家和文化。结合中国文化向外输出的大学英语教学任务（刘利民，2009；彭熠，2015）和全人教育的人文理念，当代英语人才必须储备中国深厚的传统文化知识，具备将中国传统文化在国际交流中输出的能力。基于此目的，结合本文对西方哲学流派 cynicism 的探讨，要求学生阅读补充人文知识的相关文章，如：阅读文章 *The Harmony in Eastern and Western Conception*：*Taoism and Classical Greek Philosophy*（《东西方的和谐观：道教与希腊古典哲学》），了解中国的道教文化和西方的古典哲学文化；阅读《道德经》《论语》《三字经》的中英文对照版，探讨“仁、义、礼、智、信”这五德的中文内涵，掌握其英文翻译，为进行中国典籍著作和传统文化的对外传播做好前期准备。

3. 专业知识输入

学生除具备进行创新创业的一般性能力和素质外，还要掌握核心的专业知识和技能，后者是未来进行创新创业社会实践的直接因素。

考虑到财经类高校的学科和专业特点以及学生未来的职业需求，大学英语教学需要融入一些财经类英语知识。该类知识包括：①语言层面的词汇、短语、句子。词汇如：enquiry（询价）、quote（报价）、brochure（用于产品宣传的小册子）、catalog（产品目录）、deal（从事交易）。短语如：shipping line（货运公司）、launch projection（新产品上市销售预测）、endowment insurance（养老保险）。句子如：There is a competition from Canada. They could make offers about 11% lower than yours.（还有来自加拿大的销售商，他们的报价比你们低 11%。）②专业术语及背景知识。如：A paywall is a system that prevents Internet users from accessing webpage content without a paid subscription. There are both “hard ” and “soft” paywalls in use. “Hard” paywalls allow minimal to no access to content without subscription, while “soft” paywalls allows more flexibility in what users can view without paying.（收费墙，是阻止非付费订阅用户查看网页内容的屏蔽系统。在实践中有“硬”收费墙和“软”收费墙之分。“硬”收费墙模式下，非订阅用户只能看到少量或完全无法看到网页内容；而“软”收费墙模式对用户可见内容的限制则更加灵活。）③国内外最新经济发展状况介绍。如：据彭博社（Bloomberg）报道，瑞士信贷集团发布的全球财富报告称，中国将于 2016 年超越日本成为第二富裕经济体。到 2018 年，亚太地区百万富翁数量将增长到 75%，达到 1 150 万人，其中，中国百万富翁数量将增至 88%。届时，美国总财富将达到约 100 万亿美元，高踞世界首位。（China will overtake Japan as the 2nd wealthiest economy in 2016, according to a global wealth report by Credit Suisse, Bloomberg reported. The report says the Asia – Pacific region will see a 75% increase in millionaires to 11. 5m in 2018, with China seeing an 88% rise. The US is expected to have the highest aggregate wealth of about $100 trillion by 2018.）

4. 自主学习能力检测

自主学习能力是进行创新创业必备的一项重要能力，大学英语教学不仅对学习者提出了这种能力要求，还对自主学习的效果进行检验，以便在提升自主学习能力方面得到及时反馈。

设计与所学文章相关内容的试题，通过线下或线上测试检测学生通过自主学习在词汇应用、语法掌握、听力、阅读理解、跨文化语用思维和意识以及翻译方面的自主学习状况和所具备的能力与素质。测试题型一般包括 20 个单项选择（10 个听力理解、10 个语法与词汇）、10 个改错（侧重语用能力和跨文化思维和意识）、10 个完形填空（主要检测逻辑思维能力）、2 篇理解（1 篇听力理解、1 篇阅读理解，主要考查学生的语言人文信息输入、分析、理解和判断能力）、2 段翻译（中译英、英译中各一段，检测学生对西方文化的认知程度和对中国传统文化的输出能力）、1 篇作文（测试学生的英语表达、辩证性逻辑思维、知识储备）和 1 段口语描述（测试学生的口语表达、思维转换和短时间内的语言组织能力），其中，客观性试题比例为 30%，主观性试题为 70%。鼓励学生应用线上测试，对于不具备条件的学生，可以在指定的时间和地点进行线下测试，体现尊重个性和现实的人性关怀。

（二）人文学术讲座：社会输出与学生输入

学术或专业讲座是交流学术观点、拓宽专业研究视野的重要平台。创新创业人才首先要对新事物具有敏感性，勇于探索新事物，而参加学术或专业讲座是接触新事物、开阔视野和思维的重要机会。讲座的主要对象设定为本科生，讲座内容以通识教育为主，涉及面广，话题多样，既有理论，又有实践，既有中国文化，又兼顾西方文化，使不同层次的听众都能够找到兴趣点。同时，讲座还要具有前沿性和启发性，能够引发学生的思考，训练学生的思维。以 2014 年为例，我们开展的讲座如表 1 所示。

表 1

主讲人	讲座题目	讲座时间
王文斌教授，北京外国语大学博士生导师、校长助理，中国外语教育研究中心主任	从图形与背景的可逆性看一词多义的成因和教学——以汉语动词“吃”和英语动词“make”为例	2014. 12. 24
林存光教授，中国政法大学博士生导师	孔子与中国传统文化	2014. 12. 4
王异虹副教授，北京大学新闻与传播学院跨文化传播与管理研究中心副主任	从语言文学到跨文化交际理论与方法的变迁	2014. 10. 9

续表

主讲人	讲座题目	讲座时间
卢敏译审，中国外文局全国翻译专业资格（水平）考试（CATTI）考评中心副主任	如何成为合格的职业译者	2014. 9. 26
韩刚，乐思福教育创始人	口译掠影：如何学习“总理答记者问”	2014. 6. 25
辜正坤教授，北大世界文学研究所所长、博士生导师	莎士比亚研究三大法门略论	2014. 6. 11
朱曼华教授，资深翻译家	自学英语和《中国历代诗词英译集锦》的旧事	2014. 6. 4
户思社教授，原西安外国语大学校长，中国人民对外友好协会副会长	法国象征主义及外语学科研究方法	2014. 5. 17
王岳川教授，北京大学中文系博士生导师，中作协会员，中国中外文艺理论学会副会长	外语人与中国文化	2014. 4. 9
王瑞昌教授，首都经济贸易大学马克思主义学院硕士生导师	走近国学	2014. 3. 20

（三）人文学术研究：学生自身输入

学术研究能力是进行学术研究的基础，具备了学术研究能力未必意味着一定要从事学术研究，但对于创新创业人才而言，学术研究能力是一项基本的素质和能力要求。基于此，大学英语教学在进行课堂教学之余，还要就与英语学习相关、培养学生科研创新能力的训练性项目开展研究。学生可以根据自己的研究兴趣设计研究题目，如：“论希腊神话故事对英语词汇的影响”“从迪士尼‘公主’系列动画电影看女性形象变化”“西方贵族精神与中国君子艺术的对比研究”“中国经典文学翻译研究——以《三国演义》翻译为例”“基于留学生与广告商角度对广告传媒的中美文化观念差异研究”“《红楼梦》中经典诗句英译的赏析和对比研究”“中国传统文化传播研究——以北京故事为例”“公共交通英文用语的重要性与规范性——以北京地铁站名翻译为例”“语言差异与东西方人的性格差异相关性的研究”“大学生对中外品牌态度的研究”。通过开展这些研究，促进语言学习，增强创新性研究能力。

（四）人文社会实践：学生输出与社会输入

学生输入是知识储备、能力培养的基础，学生输出是能力训练、学习效果的检验。社会输入是使学校人才培养与社会人才需求相匹配、社会对学生的学习内容和研究方向提供建议的有效渠道。针对我校目前的教学状况和教学改革规划设计与目标，创新创业人才培养的人文社会实践活动注重基于英语应用能力、跨文化交际、国际化建设等方面的社会志愿服务，在为学生提供实习实践机会的基础上，一定程度上满足社会需求。同时，学生可以发现自身在专业知识学习能力、社会实践能力、团队合作能力等方面的问题与不足，获取社会在人才培养方面的信息反馈。我校目前开展的人文社会实践活动主要有：①英语晚自习，新疆、西藏学生以及体育特长生英语学习志愿者辅导。外语学院每年精选英语基础好、有热情、有组织能力的20名志愿者组成辅导团队，在项目教师的引导和安排下进行英语学习辅导，每位志愿者负责3~4个教学班的晚自习英语辅导规划制定、辅导内容安排、辅导材料收发以及面对面辅导答疑。下面摘录的是一段学生志愿者关于英语辅导的个人感受："在讲解大学四级作文的时候，我会抽出几个同学的作文进行讲解，讲解完毕后，让同学们自行修改，有需要的同学会在课下单独找我进行批改。在这一过程中，我们要面对的不仅仅是作文本身，更多的是同学们大量的提问，如对于格式和内容的问题等等。有些问题也是原来我们在学习中遇到过的。"由此可见，这种实践活动锻炼了学生的专业能力和组织能力，为学生今后进行创新创业实践打下了基础。②国际交流志愿者。英语作为一门国际语言，功能之一便是服务于国际交流。英语学习者参与国际交流实践，既能进行语言实践练习，也能检验英语学习状况。北京这个国际化大都市为学生开展这项活动提供了多样化平台。近些年我校学生参与的国际性交流活动包括Olympic志愿者活动、APEC志愿者活动、园博园志愿者活动、世界铁人三项志愿者活动、京郊贸易会志愿者活动、中外大学生联谊（主要开展剪纸、打中国结、学习中国书法、包饺子等活动）等。在完成跨文化交际任务的同时，也对外传播了中国传统文化。

三、模式应用效果

在该培养模式下，学生的创新创业能力得到了有效提升。学生参与了首都经济贸易大学"大学英语"课程反馈调研（包括纸质问卷和电话访谈，7 075样本量），为学校进行大学英语教学改革提供了必要的参考信息；参与了"大学财经英语"慕课建设，践行了"在实践中学习，在学习中实践"的创新创业型人才培养理念；参与了多项学校和社会的国际交流志愿服务活动，提升了学校英语学习氛围和城市国际化建设质量。

参考文献

[1] 文秋芳. 大学英语教学中通用英语与专用英语之争：问题与对策 [J]. 外语与外语教学，2014（1）.

[2] 杨立民. 现代大学英语 [M]. 北京: 外语教学与研究出版社, 2012.

[3] 刘利民. 科学规划外语教育 切实服务国家战略 [N]. 光明日报: 第009版, 2009-03-03.

[4] 彭熠. "中国文化走出去" 战略下大学英语文化教学研究 [J]. 云梦学刊, 2015 (4): 144-148.

创新创业教育背景下思想政治理论课专题式教学刍议*

王小莹**

【摘　要】 思政课作为大学生思想政治教育的主渠道，必须大力推进创新创业教育，加速教学方法改革。专题式教学是近年来各高校普遍采用的一种较好的教学方式，如何有效地利用该种方式，解决好高校思政课内容多和课时少的矛盾，已成为当前任课教师关注的重点。本文紧密结合思政课的教学实践，探索开展专题式教学的实施策略，以增强思政课的教学效果。

【关键词】 思想政治理论课；专题式教学；创新创业教育

一、引言

党的十七大提出，要"增强社会主义意识形态的吸引力和凝聚力"。如何把高校思想政治理论课（以下简称"思政课"）建设成为"大学生真心喜爱、终身受益"的课程，是高校面临的一个重大课题。教育部下发的《关于大力推进高等学校创新创业教育和大学生自主创业工作的意见》要求面向全体学生开展好创新创业教育，将创新创业教育融入人才培养全过程。要在专业教育基础上，以转变教育思想、更新教育观念为先导，以提升学生的社会责任感、创新精神、创业意识和创业能力为核心，以改革人才培养模式和课程体系为重点，大力推进高等学校创新创业教育工作，不断提高人才培养质量。上述理念的提出，为高等教育科学发展和深化教育教学改革提供了参考依据。在此背景下，思政课作为开展大学生思想政治教育的主渠道，必须大力推进创新创业教育，加速教学方法改革。中宣部、教育部《关于进一步加强和改进高等学校思想政治理论课的意见》明确指出，要精心设计和组织教学活动，认真探索专题讲授、案例教学等多种教学方法，要研究分析社会热点。要多用通俗易懂的语言、生动鲜活的事例、新颖活泼的形式，活跃教学气氛，启发学生思考，增强教学效果。这些内容为高校思政课教师有效地开展思政课教学实践改革指明了方向。

---

* 本文为2017年北京市教工委首都大学生思想政治教育支持项目（BJSZ2017ZC96）、2016年首都经济贸易大学教育教学改革立项项目的部分研究成果。

** 作者简介：首都经济贸易大学马克思主义学院，教授。

专题式教学是近年来各高校普遍采用的一种较好的教学方式。采用这种教学方式的任课教师，依据自己所学的专业背景分别承担不同专题内容的教学，由几位教师共同完成一门课程的讲授任务。专题式教学的优势在于能够最大限度地发挥每一位任课教师的专业所长，有利于他们更好地设计和组织教学，有效地保证了每个专题讲授的质量，同时，还有利于各位教师通过共同教学达到彼此学习交流、取长补短的目的。然而，我们必须清楚地看到，任何一种教学方式都不是完美无缺的，专题式教学作为一种教学方式，也有其自身的不足和缺陷。其主要表现为：任课教师如果对各专题教学相互之间的结构和联系处理不当，就很容易产生脱节，导致整个课程体系的逻辑结构不完整，整体性不强。此外，专题式教学的专题设计难度较大，因此，对教师素质的要求也比较高，这就要求任课教师在教学实践中不断提升自身的业务水平，努力克服自身的劣势，积极发挥个人所长。当前，针对思政课面临的“课时不足，教学内容多，难以在有限的课时内把课程的知识点讲清、讲透”的现实，各高校形成了开展专题式教学的共识。

二、思政课开展专题式教学应遵循的原则

为了保证思政课专题式教学的有效实施，我们应遵循以下原则来开展教学活动。

（一）教学设计要坚持以学生为本的原则

马克思曾经说过，理论只要说服人，就能掌握群众；而理论只要彻底，就能说服人。所谓彻底，就是抓住事物的根本。但是，人的根本就是人本身。这无疑为我们进一步明确了课程定位，就是为大学生的成长成才服务，切实保障学生主体地位的实现，全面提高学生的综合素质，为社会发展培养合格人才。专题式教学在关注学生作为人的共性和个性差异的基础上，要根据学生的实际情况制定专题模块，不仅要考虑到不同年级的学生已有知识和欲学知识的比例，还要考虑到每个学生的接受程度和所学专业不同，对教材内容进行自我加工和整合，不断调整教学内容。特别在选择教学案例的时候，要尽量使用那些学生较为熟知的案例：一方面，学生易于接受，能够实现理论与实践较好的结合；另一方面，使学生能获取更深层面的理论知识，同时对学生开展了世界观、人生观和价值观方面的教育。

（二）教学内容要体现以教材为本的原则

一门课程的教材体系往往是由课程的编订者设计的，主要借助于课程的教学计划、教学大纲和教材等来体现；而教学体系则是由任课教师设计的，主要通过课堂教案来呈现。由于各位任课教师的专业背景、教学经验和教学风格等不同，

因此教材体系与教学体系的设计和实施之间总会存在一定的差距。教材的内容是教学体系形成的依据，它在一定范围和程度上制约着任课教师开展教学活动。在开展思政课专题式教学时，任课教师必须注意两点：一是必须忠于教材、吃透教材，深刻理解和领悟教材所体现的精神实质，找准教材的重点和难点，依据课程现有的教材体系的内容和要求，设计出一套新的教学体系。二是不能照本宣科，做到既依据教材，又超越教材。思政课教材内容所具有的高度概括性，也给任课教师在专题式教学体系的建构上留出了个人发挥的空间。因此，任课教师一定要把握好课程运作中的这个“度”，对教学内容一定要多加甄别、选择和组合。尤其要结合每学期国内外发生的时事要点对专题式教学模块进行重新准备和加工。这样，就要求思政课教师在教研室统一专题设计的基础上，灵活运用好教材，对教学内容进行自我分析和解读，根据自己的研究专长和对时代环境的准确判断调整教学内容，设计好思政课的专题式教学体系。

（三）教学过程要突出以问题为导向的原则

强化学生的问题导向是培养学生创新精神的重要前提。思政课的高度整合，需要教师改变以往传统的灌输式教学方式，积极实施引导性教育，培养学生努力发现问题、积极研究问题的能力，使学生变被动为主动，变自卑为自信，使教学由呈现问题向发现、研究和解决问题的方向发展。由于“问题导向教学”易导致支离破碎的现象发生，所以需要教师通过设计合理的教学专题，建构有层次、有重点、有深度的教学体系。在开展专题式教学的过程中，教师可以通过问卷调查的方式引导学生主动反思，认真梳理大学生活中存在的问题。同时，教师也可以通过调查问卷的结果，进一步了解学生的诉求，以问题为导向，有所侧重，有所取舍，及时调整授课内容，设计相应的专题，实施有的放矢的教学。在课堂上，教师可以就学生普遍关心的重点问题，引入典型案例或结合实例，组织学生开展讨论和分析，教师则侧重于引导和进行关键点讲授。这种教学方式强化了教学的针对性和有效性。

三、思政课开展专题式教学的设计路径

（一）确立合理的教学专题，形成既覆盖全面又重点突出的教学内容体系

高校思政课课程设置有明确的教育目标。2004 年 8 月，中共中央、国务院在《关于进一步加强和改进大学生思想政治教育的意见》中明确指出：“思想政治理论课是大学生的必修课，是帮助大学生树立正确世界观、人生观、价值观的重要途径，体现了社会主义大学的本质要求。”次年，在中宣部、教育部联合下发的《关于进一步加强和改进高等学校思想政治理论课的意见》中又强调：“高等学校思想政治理论课承担着对大学生进行系统的马克思主义理论教育的任务，是

对大学生进行思想政治教育的主渠道。充分发挥思想政治理论课的作用，用马克思列宁主义、毛泽东思想、邓小平理论和‘三个代表’重要思想武装当代大学生，是党的教育方针的具体体现，是社会主义大学的本质特征，是党和国家事业长远发展的根本保证。”因此，思政课课程的教育目标，就是思政课教育教学活动所要达到的预期效果，就是要解决高等学校到底要培养什么样的接班人的问题。为此，任课教师应该根据这一教学目标，遵循思政课教学内容的内部逻辑，紧紧围绕教材所要求完成的知识点来设计教学专题，强调针对性地组织教学活动，实现由教材体系向教学体系的有效转化。专题式教学是将教材中的相关理论和知识用专题形式贯穿起来，是对教学内容的整合和再造，要体现每个专题的理论知识结构的系统性、整体性和严谨性的特点。为此，我们要从四个方面来确立教学专题：①强调对马克思主义重大理论问题的理解；②加大对学生思想实际和认识问题的关注；③重视对学生思想问题和现实困惑的回应；④注重对学生坚持用马克思主义的基本立场、观点和方法观察、分析、解决问题的问题意识及其能力的培养。由于思政课是和时政紧密相连的课程，任课教师应根据时事要求，及时更新和调整专题教学内容。

为了有效地解决思政课涉及的知识点多，内容面广，而教学课时少，任课教师在有限的课时里不易将知识点讲全、讲透的难题，任课教师对其所要讲授的内容一定要进行精挑细选，反复推敲。那些学生普遍关注，与他们成长成才紧密相关的重要内容，就属于“精讲”的范围；对于那些与其他思政课有重合的内容，则可一带而过；对于因课时局限，只能略讲而学生又需要掌握的重要知识，则可通过开设全校公共选修课、定期举办讲座、开展实践教学活动等途径来延伸教学空间，弥补教学内容的不足。

（二）拓展教师的知识结构，提升思政课教师的教学素养

众所周知，每个人都是在不断成长中逐渐走向成熟的，在一个人成长的过程中需要有无数人进行引领，而教师就是这个过程中最重要的引路人。教师的人格力量影响着一代又一代人，他们不仅在课堂上传道、授业、解惑，更多的是帮助被教育者树立正确的人生观和世界观，向被教育者传播正能量。各高校的思政课基本上都是合班教学，授课对象覆盖全校各专业的学生，要想组织好课堂教学，就需要任课教师有较强的驾驭课堂的能力。因此，从某种程度上说，推进专题式教学最为关键的环节在于教师。专题式教学的设计和组织在很大程度上依赖于教师个体水平的高低，主要包括教师的理想信仰、专业背景和能力水平三个方面。因此，任课教师务必进行知识的互补性学习，不断拓宽自己的知识结构，尽快提高教学素养，以适应思政课专题式教学的需要。

（三）强化实践教学环节，促进大学生思想道德教育的知行合一

高校思想政治教育教学活动涉及社会的各个层面，需要引起全社会共同关注，学校、家庭、社会和自身各个方面需要紧密配合。高校思政课不仅要求受教育者接受和理解课程内容，更要注重力行实践。社会实践不仅可以让大学生更加深入地了解国情和社会，实现理论和实践相结合；同时，社会实践也是帮助大学生深刻理解和掌握理论知识，培养主动探究学习能力的重要途径，有利于大学生形成科学的世界观、人生观和价值观。思政课的教学要体现理论和实践的有机结合，一方面通过系统的理论讲授使学生了解整个知识体系的内容框架和逻辑结构，另一方面则通过现实生活中的案例讨论分析使学生进一步深化对问题的认识和思考。任课教师在进行教学设计时，既要避免单纯进行抽象理论知识灌输，又要防止忽视理论知识分析而一味只讲故事吸引人，而应该紧密联系大学生的现实生活和思想实际，把抽象的理论还原到丰富的实践中并不断提炼和升华理论。为此，任课教师应该从理论和实践两个层面，通过“知”与“行”相统一的多种途径来引导学生参与实践教学活动。

1. 开展以课堂教学为主导的课堂实践教学

在思政课的课堂教学中，任课教师可以发挥不同教学方法的优势，通过组织学生开展案例讨论、进行主题演讲辩论、设立模拟法庭、使用头脑风暴法和实施翻转课堂等多种形式的实践教学，加强对学生理论联系实际能力的培养。除了搞好日常的思政课课堂教学以外，还可面向全校学生开设与思政课相关的选修课，通过这些选修课的教学来解决课时不足导致教学内容无法讲全讲透的难题，以此实现进一步拓展思政课教学空间的目的。

2. 开展以社团活动为依托的校园实践教学

任课教师可以针对所在学校学生的特点，以理论学习和公益实践社团为抓手，巧妙设计主题，正面引导学生开展社团实践活动。首先，通过组织各种竞赛活动，如组织国情知识竞赛、法律知识竞赛、党史知识竞赛和唱红歌比赛等，不断丰富实践教学形式；其次，通过成立一些社团组织，如青年马克思主义研究会、红色经典读书会等，积极培养学生的学术研究能力；最后，可以建立思想政治教育宣传网站，利用网络把高校校报、广播、电视等宣传教育媒体整合起来，使师生之间、学生之间可以随时进行讨论和交流，产生教学合力，提升教学效率，以此形成开展高校思想政治宣传教育的良好育人环境。

3. 开展以社会实践为主体的校外实践教学

积极组织思政课的任课教师、各院系辅导员、学生工作部门教师等全员参与，充分利用校外一切可以利用的社会教育资源，开展实践活动。如邀请资深的专家学者来学校做主题报告和专题讲座，组织学生开展参观访问、课题调研，以

及到基层法院旁听审案和到社区做义工等，紧密结合当前社会和国情实际，开展多种形式的思想政治教育活动，以此增强思政课的教学实效性。

参考文献

[1] 马克思. 黑格尔法哲学批判（导言）[M] //马克思，恩格斯. 马克思恩格斯选集：第一卷. 北京：人民出版社，1972.

[2] 王小莹. 高校思想政治理论课专题教学体系的建构：以“思想道德修养与法律基础”课为例 [M]. 北京：首都经济贸易大学出版社，2016：78-84.

[3] 王小莹. “基础”课开展专题式教学的实践探索 [J]. 马克思主义学刊，2017，3（1）：7-13.

[4] 罗志佳. “思想道德修养与法律基础”课教学改革探讨 [J]. 新疆广播电视大学学报，2013，9（3）：24-27.

创新背景下经贸专业英语课堂教学改革探讨*

于晓云**

【摘 要】 作为专门用途英语一个分支的经贸专业英语是经贸专业开设的一门专业选修课，但既定的课堂教学存在一些问题。如何在创新背景下改革该课程的课堂教学是本文探讨的主题。本文从课堂教学内容、教学方式、考核方面提出一些创新思路，力争提升课堂教学效果。

【关键词】 创新教育；经贸专业英语；课堂教学

随着经济全球化的迅猛发展，目前我国各大财经院校和综合性高校都开设了经贸专业英语课程。作为专门用途英语一个分支的经贸专业英语的教学得到了足够的关注，但同时也饱受各种争议。如何在创新背景下创新经贸专业英语课程的课堂教学活动也成为该课程任课教师日益关注的一个焦点。本文从创新角度研究如何在经贸专业英语课堂实施教学改革。

一、创新教育背景介绍

（一）创新教育的国际背景

2009 年在巴黎召开的首届世界高等教育会议将“学习、研究和创新”作为高等教育发展的五大热点问题之一，强调“高等教育必须将创业技能和创新精神作为基本目标，以使高校毕业生不仅仅是求职者，而首先是工作岗位的创造者”。

这其中，包含着创造性思维能力和创造性实践能力的创新能力是创业技能和创新精神的完美结合。创新能力，作为运用知识和理论完成创新过程、产生创新成果的综合能力，表现形式是发现和发明，是人类创造性的外化表现。

（二）创新教育的国内背景

按照《国务院办公厅关于深化高等学校创新创业教育改革的实施意见》（国办发〔2015〕36 号）的总体目标，“2015 年起我国全面深化高校创新创业教育改革；2017 年取得重要进展，形成科学先进、广泛认同、具有中国特色的创新

* 本文得到首都经济贸易大学 2017 年教改项目“创新经贸阅读课程课堂教学的探讨”资助。

** 作者简介：首都经济贸易大学经济学院，副教授。

创业教育理念，形成一批可复制可推广的制度成果，普及创新创业教育，实现新一轮大学生创业引领计划预期目标。到2020年建立健全课堂教学、自主学习、结合实践、指导帮扶、文化引领融为一体的高校创新创业教育体系，人才培养质量显著提升，学生的创新精神、创业意识和创新创业能力明显增强，投身创业实践的学生显著增加。”

根据这个实施意见，各高校纷纷研究并制定深化创新创业教育改革的实施方案，各课程也展开与此相关的教学方法改革与实践。

二、经贸专业英语定位

经贸专业英语和旅游英语、法律英语等一起被称为专门用途英语（English for Specific Purpose，ESP）。涉及多个学科领域的专门用途英语作为应用语言学研究领域的一个热门学科，起始于20世纪60年代，研究范围不仅涉及与语言相关的知识，还涉及与学生所学专业相关的专业知识，其目的是培养并提升学生在各自的专业领域内的英语语言能力。

（一）教学内容定位

经贸专业英语课程的教学内容包括经贸英语的听、说、读、写四部分，本文研究的重点是经贸专业英语的阅读部分。按照我校的教学大纲，全球化背景下国际经济与贸易及贸易经济专业方向将经贸专业英语课程定位为本科专业的重要课程，教学内容兼顾中国经济和世界经济，涵盖中国对外贸易、国际贸易组织、世界经济、国际金融、商品贸易、外贸运输、国际经济合作等诸多领域，教学对象为已经具有较好英语基础的大三学生。在教学过程中，教师对阅读材料的教学只涉及基础知识和基本概念，对学生的理论知识理解程度没有硬性要求。

（二）教学目的定位

按照我校的教学大纲，经贸专业英语课程的教学目的是让学生通过阅读与经贸活动有关的真实语言材料，学会捕捉英文专业信息，了解国内外经贸领域曾经发生或正在发生的重大事件，增加经贸知识。本课程开设的目标是提高学生独立阅读并理解经贸英语文章的水平，纵深发展学生的英语实际运用能力，为其今后踏上工作岗位及时获悉经贸信息和发展动态打下必要的语言基础，提高对外交流水平。

三、经贸专业英语教学方法概述

与大学英语的精读与泛读教学不同，经贸专业英语的教学内容包含更多的专业性和情景性，因而它的教学方法也不同于大学英语的教学方法。当前，经贸专业英语的教学方法主要有传统的讲授教学法、案例教学法、任务教学法等。

（一）讲授教学法

讲授教学法是经贸专业英语传统的教学方法。目前，国内经贸专业英语阅读课程大多采用英文原版专业教材。讲授教学法以教师课堂传递知识为主，即由教师在课堂上对阅读材料进行背景分析，对语篇和段落进行讲解，学生只是被动地接受教师讲授的内容，最后以书面考核的形式考查学生对所学知识的掌握情况。

（二）案例教学法

案例教学法是经贸专业英语课程当前的主要教学方法之一。它与传统的讲授教学法大相径庭。在案例教学中，教师会模拟或者重现现实工作中的一些场景，将学生纳入案例场景中，让学生运用已有的知识经验来进行分析、判断并解决问题（基于案例提供的背景、事实描述、事件和观点），从中抽象出某些一般性的结论或原理，也可以让学生通过自己的思考或者他人的思考来拓宽自己的视野，从而促进学生进行知识技能迁移，提高他们解决问题的能力。通常案例教学法包含四个环节：案例的准备阶段，课堂的分析与辩论阶段，案例总结阶段，撰写案例报告阶段。

作为一种具有启发性、实践性并能开发学生智力和提高学生综合素质的新型教学方法，案例教学法在经贸专业英语课程的实际应用大致可以分三个环节：课前查找资料分析案例，课堂上的讨论、阐述，课后撰写案例报告。

（三）项目教学法

体现建构主义理念的项目教学法强调学习过程是一个人人参与的创造实践活动。它主张先练后讲，先学后教，将学生的自主学习与主动参与作为教学的核心，要求学生从尝试入手，从练习开始，借此调动学生学习的主动性、创造性、积极性等。换而言之，在实施项目教学法的教学过程中，学生需理解和把握课程要求的知识和技能，体验创新的艰辛与乐趣，培养分析问题和解决问题的能力及团队精神和合作能力等。在这种教学过程中，学生唱“主角”，而教师的角色转为“配角”，实现了传统意义上教师与学生主配角角色的转换，并使得学生的自学能力与创新能力有显著的提升。

四、经贸专业英语教学存在的主要问题

目前，经贸专业英语阅读课程的教学现状并不理想，原因有多方面，既涉及教材内容，也与教学方法有关。

（一）教材内容的非适合性

阅读课程与其他课程不太一样，其课堂教学围绕教学材料展开，因此教材内容会极大地影响学生的学习兴趣和效果。通常经贸阅读课程的教材内容应该涵盖国际经济形势、国际贸易理论与政策、国际市场营销等多方面的内容，具有教学

材料涉及面广、形式多样化、时代感强等特点。

尽管当前与经贸专业英语阅读课程配套的教材琳琅满目，但教师要挑选一本合适的教材却存在很大难度。因为教材的出版有特定的周期性，有的教材还未投入使用，教材内容可能已经过时或部分过时了，学生在学习过程中会将教材认定为“经济历史”而不是“经济现状”。因此，很难找到一本内容全面、形式多样、具有时效性又难易适中的教材。而教材非适合性的现状影响了学生学习该课程的兴趣。

（二）学生知识储备的限制性

经贸专业英语阅读课程选材比较广泛，内容涉及经济学、贸易、投资、市场营销等领域，除却不熟悉专业词汇的英文表述外，对经贸知识的欠缺也会使学生在阅读经贸类材料时感到吃力。

在信息化时代，经贸类阅读材料中的语言运用越来越灵活，体现文章严谨性的专业词汇、体现时代感的新造词等被大量使用，这使得句子容量越来越大、内涵越来越深，影响了学生对阅读材料的理解。教师授课时间有限，在课堂教学中兼顾语言、专业背景和专业内容的难度很大，这些都对教学效果产生了影响。

（三）教学手段的非有效性

传统的讲解式的教学方式对于教师来说是比较容易和轻松的，但无法为学生创造自主学习的环境，不利于学生进行有效的语言实践，很大程度上会阻碍学生在语言应用方面的发展，因此，这种教学方式的教学结果以及反馈情况并不理想。传统的教学模式不太符合创新教育的目标。

案例教学法和项目教学法都能够在一定程度上提升学生学习课程的兴趣，但这两种方法都需要学生在课前、课上、课后投入大量的时间和精力，而经贸专业英语阅读课程只是一门专业选修课，学生通常学习的主动性不够，并且受教学课时所限，目前这两种教学方法实施的效果和预期之间存在偏差。

五、创新背景下经贸专业英语课堂教学改革实践

创新教学的基本理念是“创设一种类似于科学研究的环境和氛围，引导学生主动学习、主动思考和主动实践，自主地发现问题、分析问题和解决问题，从而达到积累知识、培养能力和提高素质的目的”。我们在经贸专业英语阅读课程的教学过程中，尝试开展了创新性的教学形式，主要体现为课程教学内容的创新、教学方法的创新和考评形式的创新。

（一）教学内容的创新

如前所述，想要选用一本适用的教材不太容易，并且大多数教材的内容也容易影响学生学习该课程的兴趣。为此，我们对教学内容做了一些调整。

目前该课程的教学内容分为两部分，一部分教学内容由教师选定，另一部分教学内容由学生自主选择。教师选定的阅读材料通常是经济学、贸易政策等方面的基础或经典英文文献，以便为学生后续的学习打下扎实的基础。但经典的文献理论性过强，易让学生产生与现实脱节的感觉。为增强学习内容的时代感，教师可以给学生一个自选阅读材料的机会。关于自选阅读材料，教师可以给定一个范围，比如 *China daily*、21st *Century*、*Economist*、*Business* 等报纸、期刊以及网络上与国际国内经济政策、经济数据、行业动态、企业运营等有关的报道、评论等。

在 2017—2018 学年的第一学期，学生自主选择的阅读材料包括 *China steps up battle against property bubble*、*China's economy growing beyond growth*、*Free-trade area*、*Shares surge on Xiongan, but sustainability concerns arise*、*US and China sign trade agreement*、*WeChat to make more of UK pay digitally* 等，涵括了中国当前的经济格局、经济增长现状、经济政策、中美经贸动态、电子商务、自贸区等领域。

学生课堂讲授的内容不再是标准化的、既定不变的。阅读材料选材的多样化反映出学生阅读中不同的兴趣点，这样的阅读内容既契合他们的兴趣，又让他们了解了当前的经济现状，提升了学生学习该课程的兴趣。教师课堂讲授的内容也会随着学生关注点的变化而加以调整，具有动态发展的特点。各个班级课堂讲授内容不会完全相同，因而能密切适应不同班级学生的个体需求，根据不同班级学生的兴趣、关注点而量身定制，呈现出个性化的特点。

（二）教学方法的创新

适应创新教学的思想，我们对教学方法做了一些改动，不仅仅采用传统的教学方法，也不采用纯粹的案例教学法和项目教学法，而是采用综合性的教学方法。

课堂教学一半的课时数交给教师，由教师讲授经典理论或政策，讲授的内容包括必要的专业词汇、长难句的语法知识，尤为关注的是对阅读材料框架结构和逻辑关系的理解和对作者写作意图的把控。

另一半的课时数则由学生掌控。在课堂教学中，课堂活动的参与者不再局限于教师，每一名学生都是课堂的参与者、课堂内容的呈现者。因课后时间和课时数所限，要求每一名学生一学期至少阅读一篇经贸文章，做一次课堂展示。课堂展示要对阅读材料做课堂讲解，某些情况下，其他同学会对阅读材料或他的讲解提出疑问，所以，为了做好一次展示，他可能还要进行一些延伸性的阅读准备，成为这篇阅读材料的专家。教师在这方面也可以提供一些帮助，比如，帮看阅读材料主题与经贸的相关度大不大、观点是否正确、难易程度如何、是否需要背景铺垫、整体把握上是否还有偏差等，让学生试着从老师的角度阅读文章，把握文章主旨，了解课程开设的目的和意义。学生通过师生间的提问、课堂讨论获得启发，深入思考，加深对阅读材料的理解。

课堂阅读材料的准备、课堂活动的设计、课堂展示会让学生感到他们是课堂的参与者，有助于提升学生课堂学习的兴趣。

（三）考评形式的创新

课程考评形式不局限于大家所熟悉的期末试卷，而是贯穿在整个教学过程中。对学生课堂展示的考评将作为平时成绩，考评点包括体现学生信息收集能力的课堂内容准备情况、对素材理解能力的课堂展示效果等，除此以外，还要考核学生对阅读材料作者写作意图把握的能力等。另外，对其他同学所做课堂展示的反馈也会计入学生的平时成绩，这里的反馈主要是指学生对其他同学所准备的阅读材料的提问与解答。

此外，教师将学生课堂展示的内容做一些调整呈现在期末试卷的阅读材料中，可以要求学生列出框架结构、写出作者论点与逻辑关系，还可以设计开放性问题，总结出材料中某一个论点的论据或某一个经济现象的理论基础或评判未来的发展趋势等，这部分内容占到期末试卷内容的40%。

这样的考评形式与考评内容可以引导学生在平常的学习中多关注经济现象，将日常学习与经济现实联系起来，勤思考，所以我们认为在经贸专业英语课程中采用这种创新性的教学形式与考评形式有着较深远的实际意义。

六、创新背景下经贸专业英语课堂教学改革实践应注意的问题

尽管经贸专业英语课程通过创新教学内容、教学方法、考核方法，可以将课程学习与经济现实、课程考核相联系，可以提升学生学习该课程的兴趣，但在创新背景下的教学实践中，以下几点还是应该注意的。

（一）阅读材料内容的选择

尽管通常在开学的时候教师已经给定阅读材料范围，但因经贸领域范围太过广泛，学生选择的阅读材料可能会属于“小众”。因此，在学生选择材料之后，可以先在舍友或三五个同学间分享。如果话题能够让1/3及以上的同学感兴趣，则可以将该材料提交给教师，由教师做进一步的把控。另外，阅读材料既不能过于简单，让人觉得阅读后没有获取新知识，又不能过于困难，生疏的专业词汇过多会影响学生阅读的兴趣。为避免不同学生课堂阅读材料角度雷同，教师也要对阅读材料的内容加以把控，尽量让课堂的内容丰富、视角多样化。

总而言之，阅读材料的选择要兼顾学生的兴趣、既有知识的储备和新知识的摄取需要等几方面因素。

（二）课堂展示时间的把控

因课堂教学时间所限，教师不可能将整个课堂都交给学生，并且全班每个学

生一学期需要做一次课堂展示，所以50分钟的课时通常只能分配给两三个同学。为确保学生展示的广泛性与取得良好效果，教师必须帮助学生做好课堂展示的时间把控。

七、结论

一门课程的教学不管采用什么样的教学方法，都应该以能最大限度激发学生的学习动力为目标。在创新教育背景下，经贸专业英语教学在教学内容、教学方法等方面的创新应该更加多元化，以提升学生学习的主动性、实践性。

参考文献

［1］吴婷．经贸英语阅读课程教学探究［J］．海外英语，2015（3）．

［2］杨俊惠．应用型本科院校英语专业实践教学改革探索［J］．吉林农业科技学院学报，2017（3）．

［3］闫俊玲．应用型人才培养模式下图式理论在英语阅读教学中应用研究［J］．赤峰学院学报，2017（3）．

［4］毛睿．英语教育专业实践教学改革探究［J］．职业教育，2017（2）．

［5］金利民，张超．语言与内容融合式教学改革实践：以英语专业讨论型课程为例［J］．山东外语教学，2017（2）．

创新创业背景下的物流管理专业教学模式改革研究

卢　宇*

【摘　要】培养创新创业型物流人才，需要将创新创业教育与专业教育相结合。本文在分析高校创新创业教育的内涵及发展历程、物流行业发展及对创新创业型人才需求的基础上，构建了适应创新创业背景的新教学模式以及与之相适应的综合体系，给出了本科阶段的相关教学内容和培养目标。创新创业背景下物流管理专业的新教学模式，可以作为培养学生专业技能和创新创业能力的教学改革的有益参考。

【关键词】物流管理；创新创业；教学模式；人才培养

随着中国经济的腾飞，物流业迅速崛起并飞速发展，但物流人才的质和量却远远滞后于物流业发展的需要，因而需要培养物流人才，尤其是创新创业型人才，为物流业的持续发展提供基础和保障。培养创新创业型物流人才，需要将创新创业教育与专业教育相结合，迫切需要探索一种新的教学模式，构建与之相适应的综合教学体系。

一、创新创业教育的内涵及发展历程

（一）创新创业教育的内涵

创新创业教育被联合国教科文组织称为继学术教育、职业教育之后的“第三本教育护照”。创新创业教育包括创新教育和创业教育。创新教育是培养创新精神和创新能力的教育。创业教育是培养创业意识、创业思维、创业技能等各种创业综合素质，并最终使被教育者具有一定创业能力的教育。创新创业教育将创新教育和创业教育紧密结合起来，创新教育是创业教育的基础，创业教育是创新教育的延伸。创新创业教育在高等院校是指以创造性和创新性为基本内涵，以课程教学、实践活动为主要载体，以开发和提高大学生综合素质为目标的教育。开展创新创业教育，关键在于培养大学生敢于尝试、不怕失败的企业家精神，培养创业基本素质和开创型的个性。

* 作者简介：首都经济贸易大学工商管理学院，副教授。

（二）我国高校创新创业教育的发展历程

我国高校于20世纪90年代自发探索创新创业教育。2002年，教育部在清华大学、北京航空航天大学等九所高校开展创新创业教育试点工作，创新创业教育由此进入政府引导下的多元探索阶段。

近年来国家高度重视高校创新创业教育活动的开展，国家层面推进政策密集出台。2010年5月，教育部颁布《关于大力推进高等学校创新创业教育和大学生自主创业工作的意见》，明确提出把创新创业教育纳入专业教育和文化素质教育教学计划和学分体系，标志着我国的创新创业教育进入一个崭新的发展阶段。

2014年12月，教育部下发《关于做好2015年全国普通高等学校毕业生就业创业工作的通知》，要求各地高校全面推进创新创业教育和自主创业工作，加大对大学生自主创业资金支持力度，高校要建立弹性学制，允许在校学生休学创业。各高校要面向全体大学生开发开设创新创业教育专门课程，将其纳入学分管理，改进教学方法，增强实际效果，组织学生参加各类创新创业竞赛、创业模拟等实践活动。高校要聘请创业成功者、企业家、投资人、专家学者等担任兼职导师，对创新创业学生进行一对一指导。

在国家政策引导下，近年来高校、政府、企业三方不断整合资源，创新机制和体制，全面助力大学生创新创业活动，我国创新创业教育自此进入发展的快车道。

二、物流行业发展及对创新创业型人才的需求

（一）物流业发展状况

我国物流业起步于20世纪80年代，发展十分迅速，但是和我国经济持续快速发展相比，物流业发展还是相对滞后，已成为制约我国经济进一步快速发展的瓶颈。国际上最著名的两大咨询机构——麦肯锡公司和摩根士丹利公司各自发表了对中国物流市场的研究报告，均显示中国的物流成本高昂，但也不约而同地表达了对中国物流业发展前景十分看好的信心，认为中国物流业的发展具有广阔的市场空间。物流业已成为我国经济发展的重要产业和新的经济增长点，而创新物流发展模式，则需要更多具有创新精神、创业意识并勇于实践的物流人才。

（二）物流行业创新创业型人才需求

物流人才分为物流操作型人才和物流管理型人才。据不完全统计，我国目前有1 600多所大、中专院校和中、高级职业技校开设了物流专业，主要培养物流操作型人才。但近年来外资企业、合资企业以及国内500强企业对物流管理人才的需求逐年增加，特别是高级物流人才出现供不应求的局面。例如，提供物流解决方案的人才、物流规划人才、咨询行业物流人才、国际化物流人才、物流研究

人员等中、高层的物流管理人才，已被列为我国12类紧缺人才之一。

从经济发达国家的经验来看，人才问题是物流发展的关键所在。现代物流业是融合运输业、仓储业、货代业、信息业等的复合型服务产业，综合性很强，涉及管理学、运输学、经济学、社会学、工程技术、计算机科学等众多学科，需要大量创新型、创业型、能力型综合管理和技术人才。据腾讯网统计，高职高专院校毕业生自主创业比例2011年为2.2%，2012年为2.9%，2013年为3.3%，虽然呈现出逐年上升的趋势，但是物流专业创新创业比例之低是可想而知的。学校层面首先应该努力培养出创意型、创新型人才，这些人才通过实践可望发展成为创业型人才，而目前物流专业的创新创业教育与此目标有非常大的差距。因此，需要探讨研究创新创业背景下的物流管理专业教学模式。

三、物流管理专业新的教学模式构建

要培养物流管理专业的创新创业人才，提高学生综合素质和创业能力，迫切需要探索一种新型的教学模式，在教学上及时做出改革，并努力构建与之相适应的综合体系。结合创新创业教育的发展，以及我国物流教育的实际情况和存在的问题，在物流教学中引入一些新的模式，让这些模式和方法相互融合、相互作用，逐渐培养学生的创新创业能力和素质。

（一）课程设置模块化

物流管理专业是一个以经济学、管理学为理论基础，以系统工程为技术依托，以培养应用型、复合型人才为目标的新兴专业，实践性很强，因此，学校课程设置应该适应国家宏观经济发展规划中对创新创业人才的需求，遵循高等教育自身发展规律，以劳动力市场需求为导向，与实践应用紧密结合，真正体现课堂理论知识与实践应用创新无界限、零距离，考虑建立功能相对独立的模块化专业课程体系。根据物流专业基层岗位群的工作性质，其教学内容应以基层工作岗位所需要的管理知识为基础，注重通用管理能力和综合管理素质要求，将教学内容整合为岗位分析、典型工作任务、素质能力三大模块，具体模块设计如图1所示。

（二）课程内容情景化

新教学模式注重课程内容情景化，力争达到教学学习过程贴近企业实践过程。以职场典型的真实任务为主要教学内容，设置情景案例，并结合物流管理职业岗位需求，以项目任务和工作流程为引领，以岗位需求和职业技能要求为依据，强调理论与实践并重。结合本课程的教学内容及进程，创设一系列实践性强的情境项目，进行系统模拟，分配项目任务，制定工作流程，让学生分组分别扮演制造商、批发商、零售商和顾客从事各自的业务活动，考虑业务进货、订单、

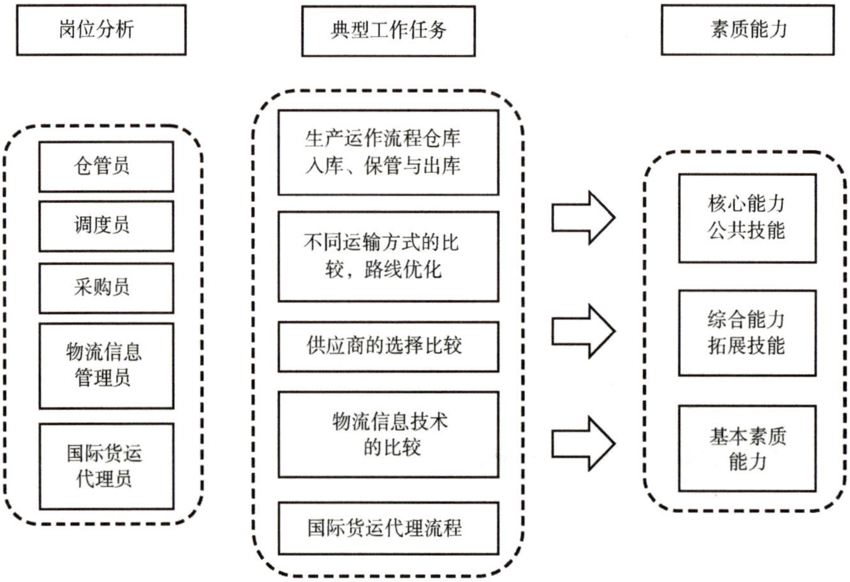

图 1　物流专业基层岗位群模块课程体系

现有库存及安全库存，并在采购前制作订单，向供应商发出订货，充分体现教学过程的实践性、开放性和职业性。在此过程中，让学生提前进行身份转变，早早融入管理角色，在近乎逼真的环境中体验并迸发出创新灵感，真正实现教学与实践的零距离，为专业学习和创新创业能力的提高奠定良好的基础。

（三）教学方法综合化

新教学模式重视研究过程和实践环节，必须改变以讲授为主的传统单一的教学方法，采用以讨论、参与为主的综合化的教学方法，如综合采用案例分析、游戏故事、角色扮演、管理沙龙、网络冲浪、岗位见习、调查访问等教学方法，充分发挥和展示体验式、参与式、交互式的教学功能，力争实现模拟教学和实训为一体的综合教学；与此同时，广泛应用通信视频技术、网络技术、多媒体技术等现代化教学手段，让课堂教学的内容具有新颖性、知识性和趣味性，让学生有一个实践和想象的空间，让创新思维早早生根发芽。另外，任何一种教学方法都需要教师在教学过程中进行有效组织协调、咨询引导，有针对性地选择和灵活运用，实现教、学、做相融合。

（四）教学体系系统化

新教学模式始终把通用管理技能和综合管理素质贯穿于整个教学过程。如图 2 所示，通过开设理实一体化教学的第一课堂，开设以名家讲座为主拓展知识的第二课堂，开设创业项目运营试验的第三课堂，开设以赛促教、以竞促学的第四课堂，开设以实训定岗和创业实践为主的第五课堂，构建五大课堂联动的体验式新教学模式，从而实现学生的综合实践能力和基层管理者岗位要求之间的有机统一，激发学生的创新创业热情，锻炼学生的专业技能，增加学生的创新创业知识，培养学生的创新创业能力，让学生更早地适应物流行业、适应社会。

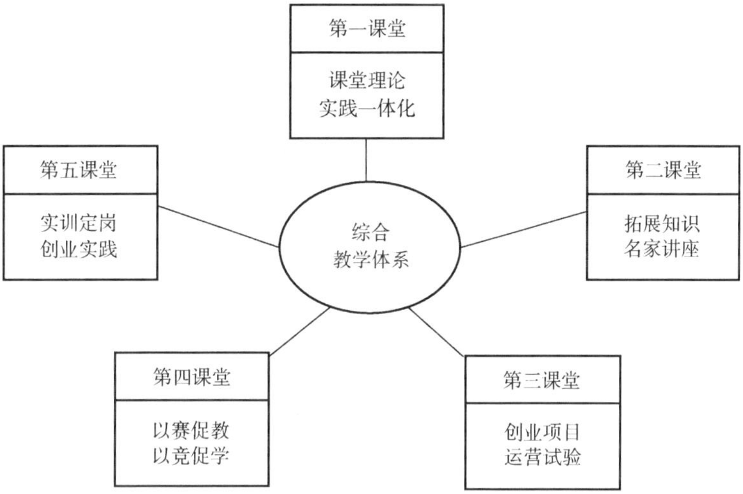

图 2　新教学模式的综合教学体系

（五）教学评价多样化

新教学模式的核心是在参与和体验的过程中激发学生的想象力和创造力，因此不能仅以试卷理论知识点的考核来判断学生专业知识的掌握情况。在考核方式上，不同课程可以采取不同的考核方法。具体应该根据课程的内容和特点，以培养学生的专业能力和创新创业能力为标准，采取笔试、口试、面试、操作比赛、案例分析、设计策划、演讲辩论、模拟演练、调查报告、实践操作、社团活动总结报告等形式，提高学生自主学习的积极性，激发学生的创新欲望。即使采用笔试形式，也不能单纯考核学生理论知识点的掌握情况，试卷中的题目应该多结合生活实际，让学生自由发挥，分析提出解决办法，从而激发学生的创新思路。只有这样，学生才会明白死记硬背没有用，要想考核过关，在平时学习中就要主动学会如何去理解，如何去动脑分析，如何去动手操作解决问题。

四、本科阶段的相关教学内容和培养目标

贯穿于本科生四年学习全过程，结合创新创业教育背景，物流管理专业教学体系基本如下。

（一）大一阶段的相关教学内容和培养目标

大类招生制度下的大一阶段开设诸如职业生涯规划、创业基础等公共选修课或通识课程，并举办创新创业讲座，开设新生研讨课，引导大学生关注创新创业问题。大一结束后的暑假前进行课程实习和认知实习，带领学生到企业实地参观、体验物流基本流程和企业运作模式。此阶段的教学目标是在未开始专业基础课学习之前，使学生获得物流管理最初的感性认识，提升对专业知识的学习兴趣。

（二）大二阶段的相关教学内容和培养目标

大二阶段的教学内容和培养目标主要包括四部分：其一，做专业基础课和专业课的操作性和演示性实验，地点安排在校内实验室。运用模拟软件巩固理论知识，提高动手操作能力。其二，开设如就业与创业指导、创业案例分析等创新创业教育专门课程，将其纳入学分管理，并使其与物流管理专业课程相互融合渗透；充分利用校友资源，开展专题讲座；成立学生创业俱乐部；开设创新创业论坛，分享创业理论与实践经验，宣传大学生创业政策和信息。其三，校园内定期举办创新创业大赛，由专业教师和企业创业导师共同指导，通过比赛普及创新创业知识，营造创新创业文化氛围。选拔校级比赛胜出者参加省级学科竞赛及全国大学生物流“创新、创意及创业”挑战赛，促进大学生提高自身的“三创”能力。其四，指导本科生参与教师主持的科研课题研究以及独立申报创新创业科研项目，培养其对科学研究和创新创业的浓厚兴趣。通过校企合作搭建“产学研”平台，对大学生科研项目的研究建立跟踪机制，推进科研成果及时转化，并扶持大学生在科研成果基础上进行创业。

（三）大三阶段的相关教学内容和培养目标

大三阶段的教学主要在校外实习基地和校企合作建立的大学生创新创业实践基地进行。学生可以到企业短期实习，或在校内开展创业实践活动，也可以休学去创办企业。高校、企业、政府合作建立完善的创业扶持机制，提供创业场地、创业启动资金，建立创新创业信息网站，提供在线跟踪辅导、工商登记、创业培训、政策咨询等服务，为学生搭建创业平台，为创业就业提供更多机会。

（四）大四阶段的相关教学内容和培养目标

大四阶段的教学内容和培养目标主要由三个部分组成：其一，根据校企合作的多种模式，如顶岗实习模式、订单培养模式等，学生在完成校内课程学习后，可以到校外实习基地进行为期3~6个月的实习，到物流行业的最前线进行历练。在实战中学生将学到的物流相关知识转化为能力，熟悉物流各岗位的操作规程，感受企业文化，为未来求职和创业奠定坚实基础。实习表现优秀的学生将优先被企业录用，解决物流人才紧缺的问题，使得学校、学生、企业都从中获益。其二，学生顶岗实习结束后返校，结合实习、实践以及创业经历设计实践性选题，综合运用所学专业知识，在第八学期完成毕业论文或毕业设计。其三，在大三阶段模拟创业基础上强化创业实践和分类指导，创业时间视为参加实践教学的时间，创业实践计入相关实践学分，创业取得的成果可以与毕业设计或毕业论文有机结合。

通过以上四年不间断的系统实践教学，创新创业教育与通识教育、专业教育相互融通，实现"课堂教学—创业模拟—创业实践"层层递进，使学生在校期间逐渐培养起创新精神和创业能力。

五、结束语

创新创业教育是对传统教育观念的一种挑战，把创新创业教育融入整个物流管理专业教学之中，可以使学生在获得专业知识的同时接受创新创业教育，有效地帮助学生树立正确的创业观。构建适应创新创业背景的新教学模式，可以更好地培养学生的专业技能和创新创业能力。

参考文献

[1] 朱芳．以创新创业为导向的高职物流管理专业体验式教学模式研究[J]．物流工程与管理，2015，37（6）：186－187，195.

[2] 宋爱华．高职院校创新创业教育与物流专业教育融合的路径研究[J]．常州信息职业技术学院学报，2015，14（1）：62－64.

[3] 乔阳，马洪娟．基于创新创业教育高校电子商务本科专业实践教学体系的构建研究[J]．电子商务，2015（4）：56－57.

[4] 田百洲，何鹏．体验式教学在高职创业教育中的应用研究[J]．辽宁高职学报，2013（5）：111－112.

[5] 魏小英．基于创新创业导向的体验式教学模式探索与实施[J]．物流技术，2014（3）：480－482.

[6] 任丽芳，田明山，白士强，等．高职院校物流管理专业创业教育模式的研究与实践[J]．石家庄铁路职业技术学院学报，2011（6）：118－120.

本科课程及创新能力教育教学方法经验探讨

谢中朋*

【摘 要】课堂教学方法创新与学生创新能力的提高是相辅相成、相互促进的。教学方法创新是大学生课堂学习及创新能力提高的切入点。本文通过对近年来课堂教学实际和实施大学生科研训练计划现状的分析，以工程制图课程为例，从教学方法、手段改革以及如何引导学生科研兴趣等方面出发，探讨了新形势下通过教学创新提高学生学习兴趣和创新能力的可行性建议。

【关键词】多媒体教学；创新创业训练；兴趣引导；课堂教学

近年来由于各院系专业教学计划调整，笔者现主要从事安全工程、工业工程和环境工程三个专业的工程制图课程和安全工程专业消防工程课程的教学工作。本文以工程制图课为例，将这几年在教学工作中的一些教学经验总结探讨如下。

一、本科教学方面

大多数高校的工程制图课一般采用多媒体教学，该方法可以动态演示形体的形成及投影过程，直观感强、生动形象，课堂信息量大、重现力强，减少教师机械、重复、烦琐的黑板作图劳动，把教师用语言难以描述清楚的复杂形体的结构等以多媒体技术形象、逼真地展示出来。多媒体教学这种先进的教学手段，为教育事业发展起到了很大的推动作用，但不可否认，这种教学方法还存在很多需要改进的地方。

笔者在十几年的实际教学过程中发现，工程制图单纯利用多媒体教学效果不甚理想，其缺陷主要体现在：

第一，多媒体教学课堂信息量过大，教学速度快，对学生刺激不强烈，学生停顿思考时间短，思维跟不上，理解不深，不宜提高学生思考积极性，学习效率差。

第二，多媒体教学易懂但不易理解。在讲解时，学生很明白，教学效果很

* 作者简介：首都经济贸易大学安全与环境工程学院，副教授。

好，但学生在课后练习时又不知从何下手，不能将所学知识点举一反三、熟练应用。因此，必须寻求一种合适的教学方法，以增强学生的学习兴趣，提高教学效果。

第三，多媒体教学方式不利于师生互动。教师在授课时容易以课件为中心，而没有以学生为主体，缺少与学生的互动，没有使学生的思维得到有效拓展，从而使得课堂教学效果大打折扣。

第四，多媒体教学不利于课堂管理。播放幻灯片时，为了使投影更清晰不得不拉起窗帘、关上灯，使得教室里光线较暗，不利于教师对学生进行必要的监督，导致个别学生纪律松散，影响学习效果。

可见，多媒体教学如果运用不当，会使得这一先进的教学手段不能发挥出真正的功效，甚至会产生负面的教学效果。因此，我们有必要对课堂教学方法进行创新性研究与改革。

图1　课堂教学道具部分展示

图2　课堂教学挂图展示

（一）直观教学法

工程制图的图样是具体、直观的。多媒体教学虽然也能展示物体的实形，但相比实物效果要差一些。适当运用实物模型、挂图等教学工具，可以将抽象的概念具体化、形象化、趣味化，从而使学生在“看得见，摸得着”的情境之中对操作留下深刻印象，引发学生更深入地思考和灵活应用。为此在学院大力支持下，我们购买了挂图、课堂道具模型以及大量小型模型（图1、图2、图3），鼓励学生利用简单模型拼画组装复杂模型，培养空间思维能力。

图3　学生课堂用模型部分展示

通过模型组合拼画，学生深

刻理解了无论多么复杂的模型都是由最基本的形体组合、切割形成的。通过较长时间的练习，班内绝大多数学生都能够熟练掌握立体图及投影图的读图和绘图方法。

（二）兴趣引导式教学法

兴趣是最好的老师，因此，培养学生对工程制图的兴趣尤为必要。在教学中，我们总是创设轻松愉快、生动活泼的课堂气氛，以学生感兴趣的事物为引导，激发学生的学习兴趣。例如，在讲解立体图及投影图画法时，引入 AutoCAD 软件进行辅助教学。在工程制图课中，投影图的读画是重点，又是难点。大部分学生在学习此部分内容时，感到极为枯燥难学。因此，我们利用少量课时教授学生运用 AutoCAD 软件绘制立体图（在 AutoCAD 软件中立体图绘制比较简单），并引导学生绘制一些感兴趣的立体图（如水果、葫芦、楼房、常用零件等），通过 AutoCAD 软件中的“立体图→投影图”转换功能，使立体图自动生成对应的投影图（图 4、图 5）；利用三维动画演示形体的每个部位，细小的地方可以放大来看，降低学生读图难度，提高学习效率，同时引发学生对计算机绘图的兴趣。通过这样一种趣味的引导，学生不再对投影图感到枯燥乏味和无从下手，学习效率大大提高（图 6、图 7）。

每一种教学方法都有优缺点，教师必须结合本校不同班级学生实际情况和不同教学内容，将各种教学方法科学、动态地结合起来，优化提高教学质量的有效方法。

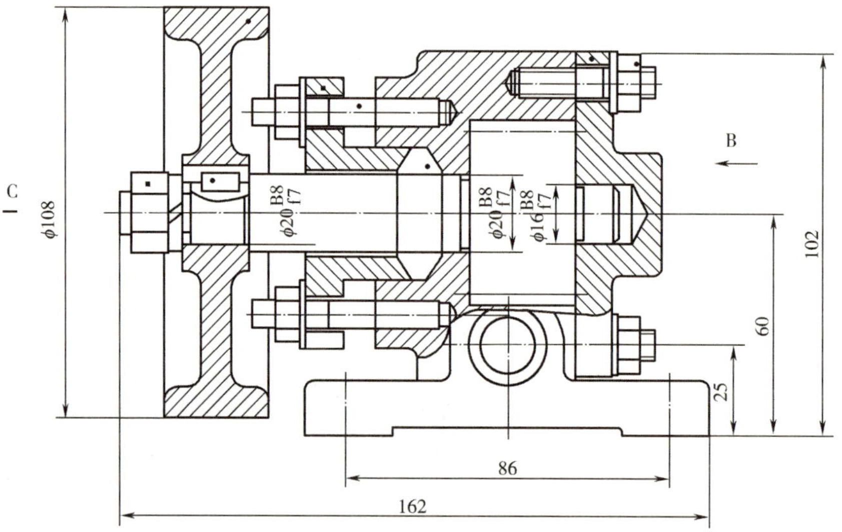

图 4 学生 AutoCAD 绘图作业节选

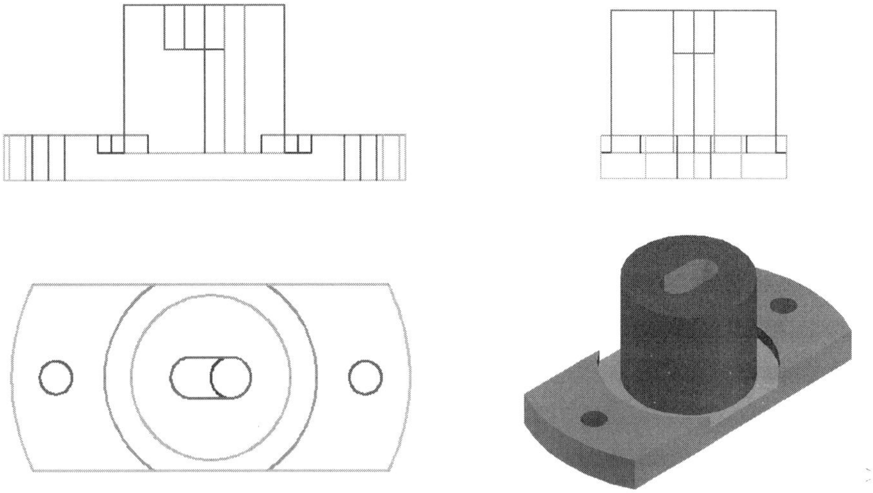

图 5　学生 AutoCAD 绘图作业节选

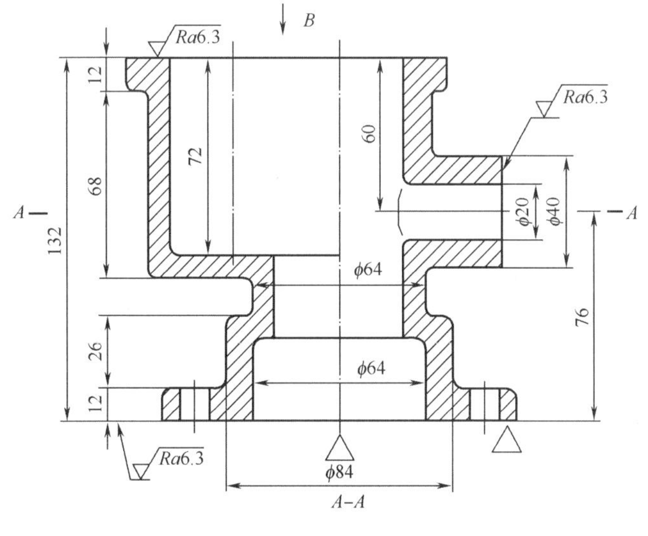

图 6　学生期末考试试卷节选

二、引导学生科研创新

（一）挖掘学生创新创造能力

在课堂上对学生进行启发式教育，把教材中有关的学术观点、争论性问题及参考文献向学生做引导性讲解，并给学生提出具有一定挑战性的课题，鼓励学生进行创新研究。

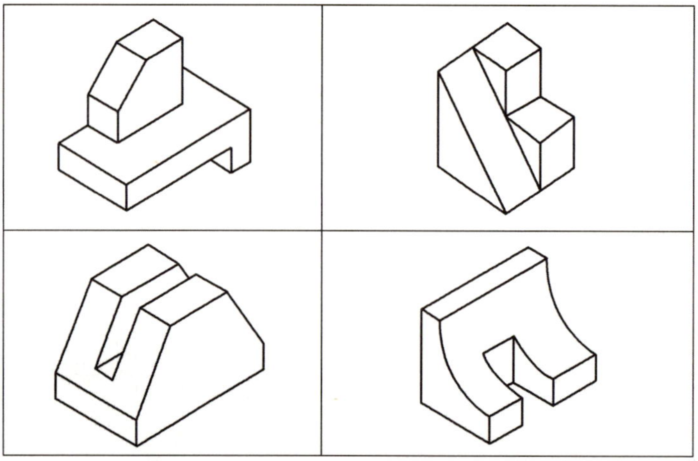

图7　学生期末考试试卷节选

在专业课学习过程中学生会遇到一些专业问题，教师应引导学生通过实验仪器的组合来设计不同的专业实验，帮助学生确定选题，让学生利用所学知识去解决问题，培养学生的科研兴趣。

（二）切实利用好学校大学生创新创业训练计划平台

本科生导师制是近年来在高等学校本科生教育中积极探索实施的一种新的学生教、学、管的体制创新，对大学生科研创新能力提升具有重要的推动作用。首都经济贸易大学实施的“大学生创新创业训练计划”和安全与环境工程学院实施的“‘安工杯’大学生课外学术科技作品大赛”，为学生科研创新能力的培养搭建了良好的平台。

教师应利用给学生上课的机会把大学生科研工作纳入教学计划，让科研充分融入课程内容，通过召开班级座谈会掌握学生的特长情况，并根据学生具体情况有针对性地进行引导，鼓励他们参与到科研创新项目中来。

（三）积极组织学生科研团队参加科研竞赛

实施“大学生创新创业训练计划”和举办“‘安工杯’大学生课外学术科技作品大赛”，挑选出部分优秀作品，鼓励学生参加全国大学生创新大赛。近年来，在学校及学院大力支持下，我院大学生创新创业训练计划取得了丰硕成果。

（四）运用新媒体交流平台促进教学交流

微信群作为一种新兴的沟通交流方式，极大地方便了人们的生活。在课下，将微信群与论文指导有效地结合，增加了师生交流讨论的机会，营造了融洽的学习交流氛围，学生与教师可以随时随地就论文中出现的问题进行沟通讨论，教师可以及时对学生做出指导修改，有效地提高了教学质量，达到事半功倍的效果（图8）。

图8　第三届全国安全科学与工程大学生实践与创新作品大赛指导微信群

三、安全与环境工程学院大学生科研创新成果展示

（一）首都经济贸易大学大学生创新获奖作品（校内）

1. 2016年度获奖情况

由教师指导的作品《建筑施工噪音对周围环境影响分析》获“大学生创新创业训练计划项目”立项。由教师指导的作品《建筑施工噪声对周围环境影响分析》在“‘安工杯’大学生课外学术科技作品大赛”中获特等奖，作品《北京环线道路交通噪声研究》获一等奖。

首都经济贸易大学CUEB绿色生态协会的参赛作品“《绿色有限，创意无限》DIY大学生创意大赛”获得“绿色发展，你我共创”全国大学生绿色梦想共创计划大赛三等奖。

2. 2017年度获奖情况

由教师指导的作品《小月河中段水质检测及污染程度评价》《公交车站噪音对周围环境影响分析》《北京三环线全年气候环境参数测定及其对驾驶安全影响分析》在“‘安工杯’大学生课外学术科技作品大赛”中获奖（图9、图10）。这些作品已被推荐参加“挑战杯”赛及“大学生创新创业训练计划项目”。

图9　2017年度获奖证书

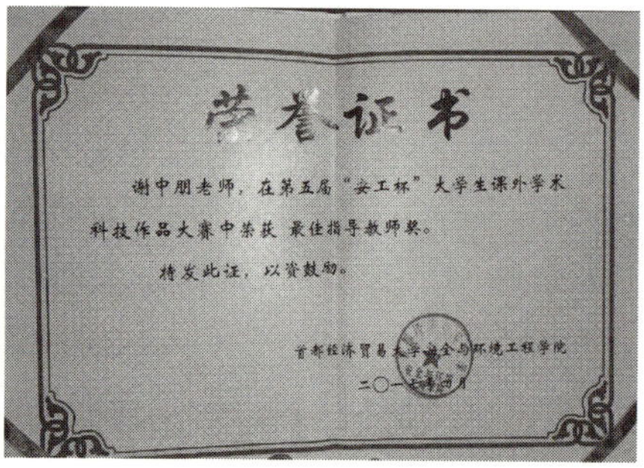

图10　2017年度获奖证书

（二）全国安全科学与工程类专业大学生实践与创新获奖作品

1. 2015年度获奖情况

在首届“全国高等学校安全科学与工程类专业大学生实践与创新作品大赛”中，由教师指导的作品《工矿通风决策支持系统》荣获一等奖（图11、图12），作品《偶然中有必然》荣获三等奖。

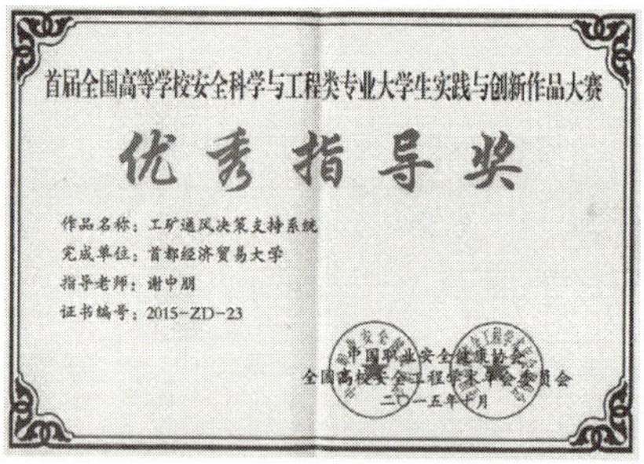

图11　2015年度全国大赛获奖证书

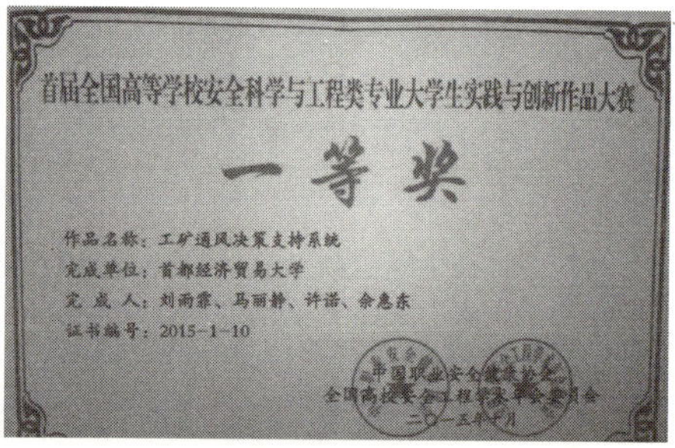

图12　2015年度全国大赛获奖证书

2. 2016年度获奖情况

在“第二届全国高等学校安全科学与工程类专业大学生实践与创新作品大赛”中，由教师指导的作品《校园防诈骗系列仿真模拟》《基于Pathfinder的地铁站疏散仿真模拟》《校园建筑火灾逃生演练系列模型（运用 Pathfinder 和 Pyrosim）》均获得大赛三等奖（图 13、图 14）。

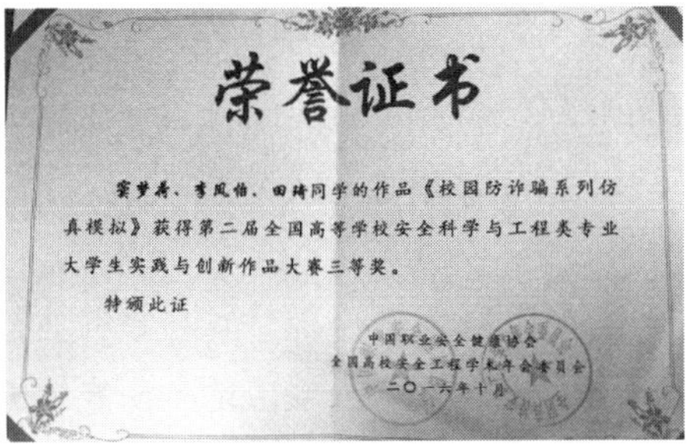

图 13　2016 年度全国大赛获奖证书

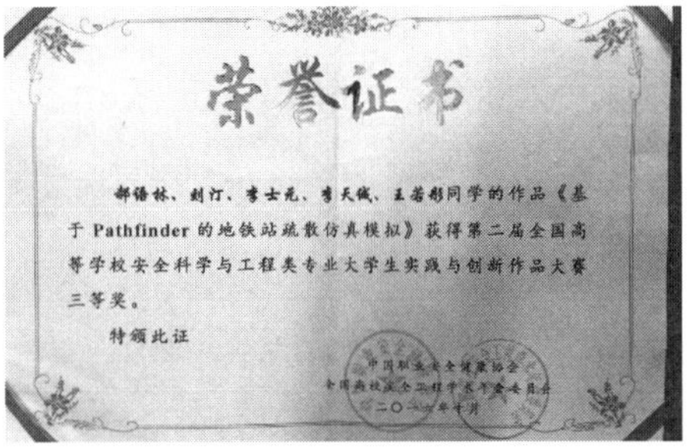

图 14　2016 年度全国大赛获奖证书

综上所述，在教学中运用直观教学法、兴趣引导式教学法，结合多媒体、教学模型、教学挂图展示、AutoCAD 辅助教学，组建大学生科研团队参加科研竞赛、创建大学生科研微信交流群等，既结合了传统教学法的优势，又运用了现代教学方法教学信息量大的特点。近年来的教学成果证实，运用这些方法对于培养创新型人才，满足国家对高素质人才的需求具有一定意义。

参考文献

[1] 何铭新，钱可强．机械制图［M］．北京：高等教育出版社，2016.

[2] 何铭新，钱可强．机械制图习题集［M］．北京：高等教育出版社，2016.

[3] CAD/CAM/CAE 技术联盟．AutoCAD 2014 中文版从入门到精通［M］．北京：清华大学出版社，2014.

创新创业背景下财经类院校人才培养机制研究

段莹莹*

【摘　要】 创新创业的时代背景，鼓励大众创业，万众创新，而创新创业的主力军主要集中在高校。高校中高素质、高能力、高潜力的人才，是推动我国未来经济和社会发展的不可忽视的力量。财经类院校培养的是服务社会，致力于经济发展的人才，对这部分人才更需重视。知识经济时代的到来给人才培养带来更多的挑战，在双创背景下，我们的人才培养机制存在创新创业理念和氛围较差、课程设置不合理、师资建设欠缺、实践平台搭建不足等诸多问题。针对这些问题，依据财经类院校特点，我们对人才培养的系统流程提出改进建议，包括理念打造、培养方案设计、教师队伍优化、实践平台搭建等方面，以期为财经类院校的人才培养机制改革提供参考。

【关键词】 创新创业；财经院校；人才培养机制；知识经济

一、引言

创新和创业教育最早兴起于欧美，20 世纪末期，我国才慢慢引入“创新创业”的教育理念。步入 21 世纪后，美国创新和创业教育逐渐完善，已经有上千所大学或学院开设了相关课程。此外，韩国、日本等亚洲国家也逐渐重视创新和创业教育，通过教育改革来提升国家创新创业水平。我国也不例外。当前，我国经济的发展速度从高速向中高速转变，即经济增长放缓，钢铁、水泥、焦炭等产能过剩问题突出，就业等民生问题依然严峻。面对这样的经济和社会形势，我国政府提出“调结构，去产能”“简政放权”“大众创业，万众创新”等一系列重要举措。其中，“双创”（创新创业）在近年来逐渐成为一种潮流，成为推动我国经济发展再上新台阶的关键一步。2015 年中央部门出台的创新创业政策至少有 25 项，2016 年中央部门出台的创新创业政策至少有 15 项，比以往任何年份都要多。可见，政府对创新创业教育高度重视，然而要想实现创新创业教育，最直接有效的办法是从高校做起，从高校的人才培养机制做起。高校拥有高素质、有活力、可塑造性强的人才队伍，从他们开始培养创新创业能力，效果必然事半功

* 作者简介：首都经济贸易大学教务处，助理研究员。

倍。高校育人的关键就是人才培养机制，如果没有一套科学合理的人才培养机制，就很难培养出经世济民的人才，所以在“双创”背景下，我们需要对人才培养机制重新进行探讨。经济发展是一个国家的命脉，而财经类院校培养的是一批能对国家经济发展带来巨大贡献的人才，所以对财经类院校人才培养机制的研究变得不可或缺。

二、人才培养机制的理论背景

（一）教育目标论

教育目标论可以从三个方面加以论述，分别包括功能、目的和职能，这里着重强调目的论这一方面。教育不是盲目进行的，而是有目标有目的进行的活动。这个目标确立在教育活动之前，我们必须明确要培养什么样的人，培养具备什么能力的人。这是国家进行各级各类教育必须明确的一个问题，且极为重要。教育的目的要能够反映社会的现实需要，因此，教育的目的受多种因素影响，包括经济发展的状况、国家各项制度、生产力水平、历史发展及受教育对象的身心发展规律等。

（二）创新理论

创新，有的人说是发现的过程，有的人说是将现有要素进行重新排列组合后形成的新事物、新方法或新科技。熊彼特认为，创新是新技术、新发明在生产中的首次应用，是指建立一种新的生产要素或供应函数，是在生产体系中引入一种生产要素和生产条件的新组合。我们认为，创新来源广泛，可以是新的创造能力，也可以是对市场需求的新认识。创新还可以呈现多种形态，包括将增值改进后的产品、技术应用到新市场等。随着知识经济时代的到来，学校教育可以从创新的基本素养入手，发展学生创新能力。创新能力是一种综合性素质，可以被分解为创新人格（动力、追求、好奇心等）、创新思维（敏锐、变通、发散等）、创新技能（基础知识技能、获取新知识能力等）三个部分。

三、财经类院校人才培养现状

（一）专业课程设置趋同

财经类院校开设的课程一般以经济类和管理类为主，类似经济学、计量经济学、管理学、工商管理、旅游管理、人才开发等，专业名称虽不同，课程交叉却甚多。学经济的学生会上一些管理类课程，学管理的学生也会有不少经济学课程。这样的交叉虽然可以综合培养学生的经济管理能力，但是交叉重叠过多，不利于对学生进行有针对性的培养，同时也会让学生产生一种“学什么都一样”的想法，打击学生学习积极性和创造性。

（二）理论传授多于实践

“实践是检验真理的唯一标准”，这句话应用在教育教学中，也是十分恰当的。没有经过实践检验的知识，无论多么精彩，逻辑多么严谨，也有可能一文不值。经管类专业尤其如此，更应该通过实践来进一步检验和深化对理论的理解，然后从实践中学到新理论，补充原有理论。然而，相当一部分财经类院校对人才的培养方式仍然停留在忽视现实需求，重视学院式培养，进行轻应用型教育的阶段。

（三）西方理论消化不良

我国的经济和管理理论大都从西方引进，不仅引入先进的理念，还引进经典的教材，但是，多数时候照抄照搬。我们不可否认它们在扩大学生视野和优化知识结构中所起到的作用。的确，西方理论有很多成熟的、优秀的理念和方法。然而，西方理论有着西方的历史渊源以及政治、经济和文化环境，到了我们这里，很可能水土不服，教师尚可能消化不良，更何况学生呢？此外，我们的教学改革往往比较滞后，对现行教学内容缺乏全面梳理和辩证分析，可能会有误导。创新的必要前提是对基础理论的把握，如果基础不牢靠，何谈创新创造？

（四）经济管理能力较强

经济管理能力是创业者不可或缺的一部分能力，也是决定其创业能否成功、能否持久进行的关键要素，因此也是创业者必须获取的专业能力。财经类院校的强势学科是经济和管理学科，在本科生或研究生培养计划中呈现最多的就是经济、管理类课程，经过几年的学习，财经类院校学生的经济、管理意识必定有所加强，能力也必定有所提高。

四、双创型人才培养机制的现实问题

人才培养是国之大计。不同的时代背景，需要具有不同理念的人才；不同的历史阶段，也需要不同能力的人才。在当今创新创业的大时代背景下，在经济步入“新常态”的历史阶段，我们不仅需要具有创新精神和创新能力的人才，还需要具有创业思维和创业魄力的人才。简而言之，我们需要双创型人才。然而，当前各高校的人才培养机制很难满足时代的需求，存在各种各样的问题。绝大多数院校存在的人才培养问题，也突出地存在于财经类院校。

（一）缺乏创新氛围和创业意识

氛围的营造是做事的关键，也是教书育人的关键。良好的学习氛围能够提高学生的学习热情和主动性。然而，我们现在缺乏创新创业的氛围和意识。面临严峻的就业形势，许多高校往往为解决就业而鼓励学生创业，说明这些高校对创新创业教育认识不准确，自然也就难以营造创新创业氛围，提升学生的创新创业意识。此外，很多高校虽然设置了创新创业课程，但都是徒有其表，缺乏制度和具体政策的支撑，只是为设立而设立。还有一些高校对创新创业取得一定成就或参与类似竞赛获奖的情况不够重视，对相关人员不进行表彰，导致学生缺乏创新创业动力。

（二）创新创业课程体系不完善

自从我国提出“创新创业教育”理念之后，各高校先后开设相关课程，但这些课程在设立的过程中普遍存在课程体系单一，内容理论泛化、不切实际，授课形式传统单调等问题。大多数高校将这些课程设置为选修课程，学分值低，而且有些高校可能仅仅开设“创业学”或“创新学”等一两门课程作为一种对国家双创政策的回应，根本没有完全领会创新创业教育的实在意义和价值。这样培养出来的学生，创新创业能力必定十分有限，知识体系必定混乱，难以担当推动国家经济发展的大任，从而难以调动他们的学习热情，影响了他们创新创业的主动性。不仅如此，很多高校培养计划固定，相应学分要求十分严格，限制了部分学生的自由时间，减少了他们创新学习和思考的时间。

（三）创新创业师资队伍不健全

创新创业教育综合性和实践性都很强，对教师的要求自然也很高，只有既具备丰富理论知识，又有一定的创业实践经验的人方能担任。目前，这些工作大都由高校就业辅导部门的行政老师承担或者由原来教授其他类似课程的老师承担。然而，这些老师经验不足，能力不够，很难系统地传授给学生相关知识，授课内容往往与社会需求脱节，难以提起学生兴趣。有些高校请一些创业成功人士以讲座形式分享成功经验，但这种讲座次数很少，而且存在弊端。一方面，讲座针对性不强，其面向全校学生，讲课效果自然大打折扣；另一方面，授课内容主要凭个人经验，具有偶然性，学生们很难从中抽丝剥茧，找到核心要素。

（四）创新创业缺乏实践的平台

中国有句古语叫“纸上得来终觉浅，绝知此事要躬行”。创新创业实践平台的搭建是高校创新创业教育的关键一环，不仅能够给有创新创业意愿的学生提供实践的机会，调动他们的积极性，还可以让他们在实践中不断发挥潜力。然而，高校经费有限，又很难找到适宜搭建平台的场所，所以高校搭建实践平台的情况很少。本着利益最大化的目标，校外企业也很少为高校学生提供实践平台。

五、双创型人才培养机制的路径选择

（一）理念方面：注重创新意识和创业能力培养

理念的塑造是创新创业教育的根本。创新创业教育的目的不应仅仅局限在就业层面，要把重心放在提高新一代年轻人的创新创业能力上，使他们成为推动我国经济和社会发展的一股新兴力量，让他们在更高层面实现自我价值。这一点是高校必须明确的目标，必须准确贯彻的大政方针。创新创业教育不仅是一种行为的提倡，更是对高校学生思想观念的转变和对他们创新创业意识的培养，不仅要外化于行，更要内化于心。因此，各高校要向学生做政策的全面解读，并通过专题教育、创新创业讲座等形式进行宣传。创业技能大赛、创业课程设计等也要一并进行，要通过多种方式和途径营造创新创业氛围，传达创新创业理念。我们需要将这一理念融入人才培养的整个过程，不能只限定在个别创业课程的开设上。只有全体在校师生树立起创新创业教育理念，高校才能形成创新创业的积极氛围，学生才能有创新创业的兴趣和积极性，才能真正形成创新思维，获得创业能力。

（二）培养方案：合理设置创新创业课程

培养方案是对人才培养的系统化设计，其中，课程的合理搭配是培养人才的核心步骤，可以请教一些创业成功的人士，比如创业成功校友，对本校创新创业课程的设计提出修改意见。针对创新创业课程存在的一些问题，如课程不系统，体系单一，内容空泛，我们要在设计课程时注重打造全面系统的课程体系，这些课程应该既包含覆盖全体学生的通识课程，也含有创新创业教育的专业性课程。我们在设计课程时还应该注重系统性和逻辑性，这就要求课程设计不仅要考虑创业所必需的财务、管理等技能型知识（当然这些知识对财经类院校学生来说，可能已经具备）的传授，还要考虑创业压力缓解、危机处理等非技能型能力的培养，以此提高财经类院校学生创新创业能力。进行课程设置还应注意的一个问题是因材施教，有些学生可能对创新创业感兴趣，有些学生可能一点动力都没有，如果强迫后者去学习相关课程，并且以必须修读相应学分来要求他们，可能效果很差。因此，我们设计的课程应该既有必修又有选修，既能培养所有学生的创新创业能力，又能给有兴趣的学生提供深入学习的机会。同时，课程设计要尽量避免重复和交叉。设计财经类各专业的课程，要明确培养目标，找到各专业的核心异同点，有区分地融入创新创业理念。

（三）教学方面：注重双创师资建设，灵活评价教学成果

1. 教学师资方面

拥有能力强、素质高的师资队伍是创新创业教育成功的关键前提，因此，高校应该整合校内已经有创业经历的教师和创新能力较强的教师，引进有丰富创新创业经验的校外人士担任特聘教师，打造一批德才俱佳的师资队伍，并根据每位教师的知识结构、能力水平和授课方式分配课程。在此基础上，鼓励教师到企业任职或聘请一批创业中的企业人士到高校兼职，这样可以帮助财经类院校教师将理论应用于实践，并将心得总结为理论传授给学生，更加符合国情需要，同时也

能积攒很多精彩的真实案例，企业人士也能将实际中遇到的问题及处理方式和成功经验分享给学生。

2. 教学评价方面

财经类院校一般都以期末论文或期末试卷的形式对学生做出考核，这种传统的考核方式并不能很好地调动学生的学习积极性，不能很好地反映他们的学习成果，很难体现学生能力的提高。“高分低能”这种说法不正是对以分数为主的考核方式的很好反证吗？所以，我们在考查学生学习成果时，不应只注重考试分数，更要注重在平时的课程中、在课外的其他活动中学生的创新创业表现，就算只有一个闪光点，我们也应该积极发掘，给予肯定，采取积极态度对待每位学生，相信他们的能力和长处，这样才能更进一步调动他们的积极性，让他们发挥更大潜力。

（四）实践方面：注重创新创业实践平台搭建

创新创业实践平台搭建是创新创业教育的重中之重，没有搭建实践平台，就很难检验创新创业教育的成果，也不能进一步深化创新创业教育的成果。一方面，我们可以积极促进校企合作，采用产、学、研协同发展的方式，在企业为学生搭建一些实践平台，比如，校企长期合作的实践基地、校友所在的公司或企业等都是潜在的资源。另一方面，高校也应该对创新创业教育的经费分拨有所侧重，争取在校内建立创新创业平台，方便学生在校内进行实践检验。当然，我们也可以鼓励建立创新创业社团，给予学生充分自主权，让他们拥有自由发展空间，该社团由学生自主管理、自主运营，也不失为一种很好的实践方式。

参考文献

[1] 王德波．协同创新视角下大学生创新创业教育的思考［J］．中国高校科技，2016（8）：85－87.

[2] 商云龙，王芳，王陶冶．大学人才培养全过程的创新创业教育融入机制研究［J］．思想理论教育导刊，2016（10）：152－155.

[3] 闫海强．创新创业人才培养机制研究［J］．合作经济与科技，2014（23）：92－94.

[4] 杨晓慧．我国高校创业教育与创新型人才培养研究［J］．中国高教研究，2015（1）：39－44.

[5] 李平媛．将创新创业教育融入人才培养全过程的思考［J］．创新与创业教育，2013（4）：31－33.

“一带一路”背景下语言教育政策的调整分析

李　红*

【摘　要】“一带一路”战略对语言教育提出了新的要求，本文从面向国内和面向国外两种类型的语言教育入手，分析了英语教育、非通用语教育和面向留学生的汉语教育目前的状况和存在的问题，并对问题进行分析，提供一些相应的调整思路。

【关键词】“一带一路”；英语教育；非通用语教育；汉语推广

一、引言

“一带一路”指“丝绸之路经济带”和“21世纪海上丝绸之路”，主要包括政策沟通、设施联通、贸易畅通、资金融通、民心相通五个方面。从空间上看，“一带一路”是一个具有多重空间内涵的概念，它不是一个封闭的体系，没有一个绝对的边界，是一个开放的网络体系，虽然一般认为它包括60多个国家，但是并没有一个具体范围和国家清单，而是贯穿整个欧亚非大陆。此外，这个合作是以国家间的合作为主的，并不是相邻国家间的次区域合作。在这种多民族交流的背景下，语言在其中起到的作用是举足轻重的。

但就现状而言，在“一带一路”倡议提出以前，我国语言教育在教育政策和教学内容的制定上以西方国家或大多数国家的普遍应用为目标，英语教学侧重满足欧美文化圈交际的要求，汉语推广以欧美和东亚汉字圈国家为主要范围。这种教育政策和指导理念，在过去对于提高国人的英语水平、提高中国的国际影响力确实发挥了重要作用。但是，随着经济的进一步发展，起步较晚、结构不够成熟、语种单一化、布局不平衡、外语人才缺乏等问题必将阻碍我国参与国际贸易和文化交流的步伐。“一带一路”为汉语国际推广提供的更广阔空间，也需要积极利用并不断开拓。因此，对现行语言教育政策有针对性地进行调整是“一带一路”顺利建设和发展的必然选择。

国内早有学者从国家战略层面提出了“一带一路”政策下的语言培养方案，主要包括加强对外汉语教学和对内多语种人才培养两个方面。本文在“一带一

* 作者简介：首都经济贸易大学国际学院，讲师。

路”倡议的框架下，对相关语言教育状况进行梳理，提出相应的调整策略，以期为主动服务和融入“一带一路”夯实文化基础，创造语言条件。

二、关于英语教学

英语是世界上运用最广泛的语言，大多数国家和民族之间的交流主要依靠英语完成，在未来一段时期内，英语仍然会是国际交往的主要语言，沟通“一带一路”沿线国家也要主要依赖英语完成。具体来看，沿线国家英语的使用情况主要有以下两种：①将英语作为官方语言，使用国包括印度、新加坡、菲律宾等国；②将英语作为重要外语，使用国包括中国、俄罗斯、蒙古等国，以及东亚、中亚、东欧的一些国家。沿线国家不包括美国、英国、澳大利亚和新西兰等将英语作为第一语言的国家，将英语作为官方语言的国家在历史上多是这些国家的殖民地，由于历史原因，英语取得了与母语一样的地位；在其他国家，英语即使不是官方语言，也是一种重要的外语，在学校进行教授。

从语言生态来看，沿线国家均非英语母语国家，英语在这些国家是一种交流的通用语，在教学上属于外语教学，因此不同于英语母语教学，是一种用于不同国家之间交际的接触语教学，即二语教学。这种英语教学，一方面要适应不同文化交际模式和不同民族发音特点，另一方面又要满足英语工具下本土文化交流的需要，因此与传统的母语教学方法不同，这类教学要有语言和文化教学的双重特征。在“一带一路”的框架区域内，英语主要是在非母语者之间用于交流和沟通，对英语教学提出了新的要求，要针对“一带一路”国家英语使用的特点进行教学，培养一批适应“一带一路”国家非母语者英语使用特点的人才。这就要求我们对目前英语教学的内容和方法进行一定调整。

首先，要调整语言水平的评测标准和方法。目前国内的四六级考试和针对出国人员的雅思、托福等测试，主要侧重考查语言使用者的准确流利和复杂程度，文化考评也以适应英美文化的交际和语用习惯为标准，英语学习者追求在语音和语言使用上达到母语者的程度。这种标准要求较高，使得达到要求的人员比例较低，并且忽视了英语使用者中非母语者的国别和语别差异，即使学习者达到较高的语言水平，也不能很好地适应“一带一路”的政策发展需要。这种学习方式缺乏对目的国家文化的了解，限制了英语语言优势的发挥。因此，在兼顾语音、语法标准的同时，英语教学也要对国际社会沟通所需要的多元文化价值观、语言的运用能力等进行考量。

其次，要调整教材。教材的内容在保证语音语法的系统性和正确性的同时，也要兼顾本国文化和价值观的表达，更要有除英美等英语母语国家外的别国文化的介绍和引入，达到通过语言学习文化，通过文化增进交流的目的。用目的语介绍目的语国家的文化，可以视为语言学习的初级阶段任务，有助于语言能力的提升。但在目前的大环境下，英语已经成为国人的基本工作语言之一，在语言能力有了一定基础以后，将语言学习与多元文化学习相结合，是发挥语言交际能力的必由之路。这也对教师的教学观念、学生学习理念等提出了一些新的要求。

学以致用，语言学习的目的在于应用。我们无论学习哪种外语，最终目的都是用来恰当准确地表述中国的立场、观点，传播中国文化。因此，基于一定外语能力的中国经济和文化的教学，是“一带一路”倡议对外语教学提出的新要求，在专业设置、师资培养、教学理念、教材编写等各个方面都要进行调整，跳出外语教学仅仅以母语国家为标准的局限。

三、非通用语言教学

据不完全统计，“一带一路”沿线国家现在共有 65 个左右，这些国家的官方语言共有 53 种之多。根据王辉、王亚蓝（2016）的研究，这些国家多以一种官方语言为主，少数国家有两种或两种以上的官方语言。在这些语言中，阿拉伯语、俄语、英语、马来语最多，占到三分之一强的比例。除此之外，各国还存在不同类型的少数民族语言，总的语言数量非常可观，这些民族语言也会对官方语言的使用带来一定的影响，众多语言的选择和使用充满了复杂性。

所涉及的众多国家，几乎都在宪法中对语言的使用做出了相应规定，充分说明政府对语言使用问题的重视。我们要想与这些国家进行更深层次的交流和交往，对其语言和文化进行学习十分必要，要更多地了解沿线国家的语言状况，学习更多沿线国家的语言。

目前国内非通用语种人才培养存在很大问题。现行培养体系与“一带一路”发展的需求不相适应，非通用语覆盖不强，缺乏用非通用语种进行专业布点的顶层设计机制，学科培养模式的科学性不强。首先，与 53 种“一带一路”国家语言相比，政策出台以前，我国的高校专业仅包括其中的 20 几种，供需接口错位严重，关键国家和地区语言人才匮乏已经成为制约战略推进的重要因素。“一带一路”建设应该实行语言铺路、语言人才培养先导的策略，为此，2015 年以后，各大院校相继增开非通用语种专业，以期培养更多的非通用语种人才。

专业的开设并不能从根本上解决非通用语种人才缺乏的问题，目前的教学模式也需要做相应的调整和改革。一方面，增加了专业，可预期增加毕业生的数量；但另一方面，数量增加以后如何保证质量成为教学的另一个重要问题。从时间上看，非通用语种教学没有英语教学那样的社会氛围，学生都是从零学起，语言学习难度之大可想而知。要想在这种前提下进行区域内国家多元文化的学习，同时要保证通用语英语的学习，无论对于学习者还是教育者，都是一个巨大的挑战。此外，因为非通用语的就业没有通用语广，为了保证就业，学生还要学习经济、法律、贸易、政治等相关专业，所以到底是以非通用语学习为主，还是以专业学习为主，哪一种教学模式能既高效又高质地完成既定的教育目标，需要在专业设置之初就做好设计，处理好国家需求、专业学习和个人发展之间的关系，满足"一带一路"建设快速发展的需要。

基于以上问题，针对"一带一路"建设的小语种语言教育调整要做到以下几个方面：①做好前期语言需求状况调查，集中解决小语种中的关键语言的教学，增加语种分布，增强教师配套。②针对使用需求，在教学中兼顾文化知识与业务技术知识。例如，非洲国家和东欧各国的交往和贸易领域不同，在教学中要有针对性地进行内容调整。③调整教学周期，灵活设置教学实践和教学方式。小语种教学不同于英语教学，其使用人数少而专，在长期的学校教育的基础上，要与职业教育和网络教育结合，切实解决最需要人群的语言困难，避免人才培养和实践需要脱节。

四、汉语国际推广

除了学好英语和区域内国家的语言，方便多国交流的另一条路径就是加强"一带一路"沿线国家的汉语推广和传播。在《国家中长期教育改革和发展规划纲要（2010—2020）》和《留学中国计划》等国家政策文件的指导下，汉语教学"走出去"和"引进来"的战略迅速实施。近几年，汉语学习在全世界积极开展起来，而"一带一路"倡议的提出，又为汉语教育的大开放、大交流和大融合提供了新的契机。我们要因势利导，推动汉语在"一带一路"沿线国家的传播，提升汉语的地位、影响力和通用性。积极发展汉语推广事业，既是共建"一带一路"的重要组成部分，又为"一带一路"建设提供人才支撑。

从"走出去"来看，目前的教学模式主要是以孔子学院为依托的汉语教学，走进大中小学和社区等。但这种教学模式学时短，效率低，以兴趣培养为主要目的，需要我方投入大量的人力、财力和物力，产出投入比不高。为此，汉语推广需要与经济、贸易、政策等方面的措施相呼应，与高校和科研机构合作，形成互利共赢的新发展模式，双向思考语言人才培养模式。一方面，与"走出去"的企业联合，培养适应工作需要的人才；另一方面，与当地政府合作，培养适应经济发展的当地员工。这就要求转变教学思想，从单纯的语言输出到从需求入手，供需结合，按照需求提供相应的产品。这样既使汉语输出不具有强植性，缓解了当地人的抵触心理，又解决了企业和政府的实际问题。在"一带一路"倡议的推广中要给予这种语言培养的落地性战略更多的发挥空间，这种战略无论对于经济项目的落地，学生毕业后的就业，两国交往的增加，还是对汉语的国际推广，语言人才双向交流互动，都是有利无害且多赢的。

从“引进来”看，根据统计，十年间来华留学生数量增加了十倍，其中，“一带一路”沿线国家的留学生占一半以上，周边国家的学生是其中的主体。虽然最近两年来华留学生整体数量在减少，但“一带一路”沿线国家学生的数量却一直保持增长态势，随着“一带一路”建设的开展，这一数量仍旧会保持较快增长。这主要源于中国经济的快速增长和国际地位提高，也是因为中国与沿线国家的经济交往和依赖程度日益紧密，各国学生学习汉语的热情空前高涨。我国的外语人才数量有限，未来支撑“一带一路”建设稳步有效开展的是来华留学生，这批学生将是“一带一路”建设的助推器，他们既是某一领域的专业人才，又是连接中国和沿线各国的纽带，因此，发展留学生教育，具有举足轻重的意义。

目前国内的汉语教育也存在一定问题。首先，学生来源主要集中在几个主要的周边国家，在国家奖学金支持下，来华非洲学生也渐成规模，但学生整体规模仍然偏小。在“一带一路”建设的整体实施下，扩大学生规模、增强招生力度仍是一个主要工作。其次，从语言产业发展和学习层次及规模来看，虽然近些年学历生迅速增多，几乎超过了非学历生，也逐步出现了硕士、博士，培养层次逐步提高，但多数依靠奖学金，自费生较少。目前的自费生主要是进行短期语言学习的学生，并不能形成语言产业。最后，从学习内容来看，短期内学生主要进行基本的语言学习，学习后并不能达到专业领域的工作要求；学历生的专业也主要集中在语言、经济和贸易领域，其他诸如科技、电子等重要领域的学生较少，教育结构不平衡。

整体来看，我国的留学生教育事业还处于初级阶段，生源不足，招生结构单一，相应政策、法律及各种服务不够健全，使得汉语教育整体水平不高，并不能满足“一带一路”建设对多元本土汉语人才的需求。为此，我们需要从招生、管理和教学政策及制度上进行改进，创新培养模式，推进教学改革，增加国际语言授课课程，健全留学生培养学科体系，提高留学生培养质量，为“一带一路”沿线国家培养更多的人才。在这种情况下，适应“一带一路”的需要，汉语教育政策调整主要从教师和教材两个方面入手：首先，有针对性地培养针对一定国家和地区的汉语教师，保证教师对某一地区有较为深入的经济、文化理解，提高教师的文化修养，使教学更加具有针对性。其次，提升教材质量，以普适性和针对性相结合的方法编写简洁易懂、富含特色的对外汉语教材，增强教材的竞争力，同时，根据不同国家的文化和经济背景、结合中国和目标国交往的特点，根据实际交往的需要编写教材，针对不同的学生展开多种形式的教学，充分调动学生热情，提高教学效果，服务“一带一路”建设。

五、我国语言教育的前景

“一带一路”建设刚刚起步，语言教育政策的调整具有重要的现实意义，必然可以推动“一带一路”的发展，为“一带一路”的发展提供智力支持。与此同时，“一带一路”也将推动我国语言教育的改革和转型，为我国语言教育的发展提供新的契机。我们针对目的国推动多语种教学，加强特色汉语教学，发展壮大汉语，并致力于让汉语发展成为“一带一路”沿线国家的主要通用语，提高汉语的国际竞争力，为中国的现代化发展服务。这是我国语言教育新时期的使命，既是挑战，又是机遇，在此契机下，我国的语言教育必然开创新的格局。

参考文献

[1] 王辉，王亚蓝．“一带一路”沿线国家语言状况［J］．语言战略研究，2016（2）：13－19.

[2] 刘卫东．“一带一路”战略的科学内涵与科学问题［J］．地理科学进展，2015，34（5）：538－544.

[3] 张广勇．“一带一路”背景下英语教育面临的新问题和解决途径［J］．语言教育，2017，5（1）：2－6.

[4] 张日培．服务于“一带一路”的语言规划构想［J］．云南师范大学学报，2015（4）：48－53.

[5] 文秋芳．“一带一路”语言人才的培养［J］．语言战略研究，2016（2）：26－32.

关于北京市属某财经类高校在校大学生科研与创新训练计划实施的数据分析与建议

黄　洋*

【摘　要】实施大学生科研与创新训练计划是培养学生创新精神、实践能力、创业意识和创业能力、社会责任感以及提高综合素质的重要措施之一。本文通过对北京市属某财经类高校在校大学生参与该计划的情况进行实地调查，分析学校参与该计划的现状与特点。笔者根据数据分析和调查结果，对目前学校创新创业教育成果进行了总结，并对未来发展提出了对策和建议。

【关键词】大学生；创新创业；参与

一、引言

从近代商业及文明史的角度看，那些改变商业甚至人类发展进程的重要商业的创始人，很多起步于大学时期的创业。如惠普公司的创始人比尔·惠利特和戴维·普卡德、联邦快递公司的创始人弗雷德里克·史密斯、戴尔公司的创始人戴尔、微软公司的创始人比尔·盖茨、甲骨文公司的创始人拉里·埃里森、谷歌公司的创始人拉里·佩奇和谢尔盖·布林、脸谱公司的创始人马克·扎克伯格和全球最大的智能真空吸尘器提供商艾·罗伯特（iRobot）的创始人科林·恩格尔与海伦·格蕾娜，还有世纪佳缘公司的龚海燕等，这些人在读大学期间创业，他们在创业实践中孵化出商业，并在残酷的商业竞争中接受社会洗礼。当今社会，大学生创新创业队伍俨然已成为驱动全球经济发展，甚至改变人类商业进程乃至人类进程的一股重要力量。

尽管目前我国对大学生创业问题还存在一定争议，但是已就对大学生灌输创新创业的理念和意识达成共识。1989 年，联合国教科文组织在北京召开的“面向 21 世纪教育国际研讨会”中正式提出创业教育。20 世纪 90 年代，创业教育开始兴起。进入 21 世纪，我国高校创新与创业教育受到更加广泛的关注。2002 年，教育部在清华大学等 9 所高校开展创新与创业教育试点工作。2008 年，教育部立项建设了 30 个创新与创业教育类人才培养模式创新试验区。2010 年，教育

* 作者简介：首都经济贸易大学华侨学院。

部发布《关于大力推进高等学校创新创业教育和大学生自主创业工作的意见》，成立了教育部高等学校创业教育指导委员会，召开了推进高等学校创新创业教育和大学生自主创业工作的视频会议。同年，《国家中长期教育改革和发展规划纲要（2010—2020）》提出在大学教育中引入创业教育。2011 年，教育部联合四部委及上海市政府召开了中国大学生自主创业工作经验交流会暨全球创业峰会。2012 年，《教育部关于全面提高高等教育质量的若干意见》提出推动高等学校创业教育科学化、制度化、规范化建设，切实加强普通高等学校创业教育工作。同年，制定了《普通本科学校创业教育教学基本要求（试行）》和《“创业基础”教学大纲（试行）》，并提出了具体要求。

纵观国外和我国高校创新创业方面的教育可知，经济发达国家的高校创业教育启动早，大学生创业比例较高，有一些成功经验，我国创业教育近几年在高校迅速升温，涌现了一批积极探索、工作扎实、成绩显著的高校。

总之，大学时代是个人精力最充沛、思维最活跃、创业欲望最旺盛的时代，在心理发展阶段上属于成年早期，在普通高等学校开展创业教育，是服务国家加快转变经济发展方式、建设创新型国家和人力资源强国战略的举措，是深化高等教育教学改革、提高人才培养质量、促进大学生全面发展的重要途径，是落实以创业带动就业、促进高校毕业生充分就业的重要措施，也是落实党的十九大提出的“实现高等教育内涵式发展”“加快建设创新型国家”的要求。

本文分析了北京市属某财经类高校 10 年来科研与创新训练计划的实施情况，通过对大学生参与创新创业的情况进行数据分析和实地调查，总结了参与该计划的现状与特点。结果显示，大多数参与者认为该计划对自身创新创业等方面综合素质发展有利。该计划参与率也稳步提高。然而，总体上而言，学生参与深度仍需加强，学校仍需提供更多的创新创业教育与实践活动机会。

二、大学生创新创业历史数据分析

2007 年北京市属某财经类高校发布了《大学生科研与创新训练计划实施办法》，是该校面向全日制在读本科各专业学生开展的一项创新教育计划，是该校为提高人才培养质量、提高大学生科研和创新能力的一项举措，目的在于探索以问题和课题为核心的研究性教学模式，倡导以学生为主体调动学生学习主动性、探索性和创造性的教学方法；通过提供科学研究、社会调查与咨询的条件，使学生尽早进入专业科研领域，培养学生的研究兴趣和热情，训练实践能力、独立工作能力、团队合作能力，加强师生联系与交流，促进产学研紧密结合。该计划实施 10 年来的相关数据统计如表 1 所示。

表 1　大学生科研创新训练计划项目立项数与优秀项目情况统计

年　度	立项数	参与学生数	优秀项目	创新训练	创业训练	创业实践
2007—2008 学年	96	315				
2008—2009 学年	180	380				
2009—2010 学年	181	693	53			
2010—2011 学年	243	835	62			
2011—2012 学年	264	1 095	59			
2012—2013 学年	338	1 349	78			
2013—2014 学年	343	1 365	76			
2014—2015 学年	373	1 441	82	287	63	23
2015—2016 学年	312	1 169	70	256	49	7
2016—2017 学年	287	1 024	67	228	55	4

数据来源：某大学教务处。

根据表 1 进行数据分析，可归纳、总结出以下特点。

（一）立项数逐步提高并稳定调整

从图 1 可以看出，2007—2008 学年，共有立项数 96 个，2008—2009 学年增加到 180 个，几乎是上一学年的 2 倍，2010—2011 学年比上一学年增长近 35%，持续增长到 2014—2015 学年的 373 项，2015—2016 学年和 2016—2017 学年调整后稳定在 300 项左右，超出这 10 年的平均数（约 262 项）。

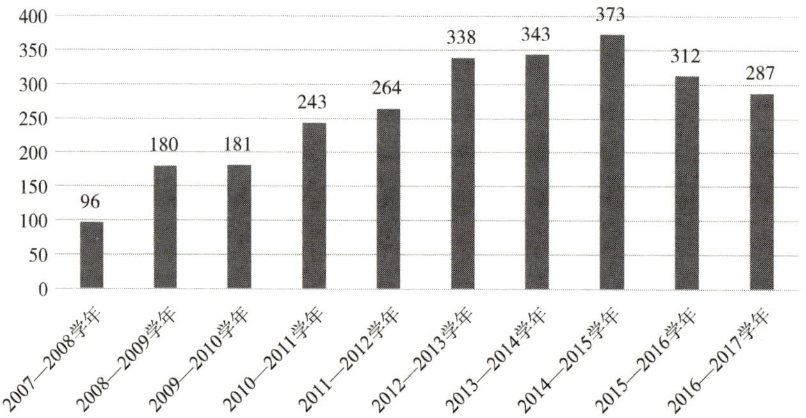

图 1　科研与创新训练计划立项数

（二）参与学生数逐步提高并稳定调整

从图 2 中可以看出，科研与创新训练计划自 2007—2008 学年开始实施以来，参与学生数持续增加，从最初的315人增加到2014—2015学年的1 441人，最近两个学年稳定回调。科研与创新训练计划参与学生主要集中在大二和大三两个年级，该大学在校本科生稳定在1万人左右，参与率稳定在25%左右。

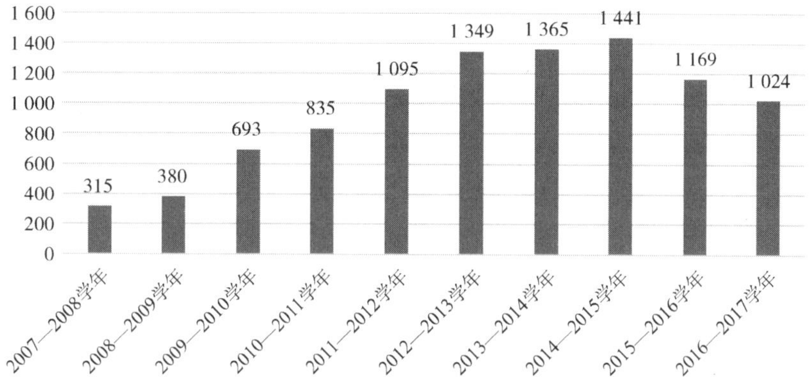

图2　科研与创新训练计划参与学生数

（三）优秀项目数持续稳定

从图3中可以看出，优秀项目数持续稳定。从2009—2010学年优秀项目数53项提高到2014—2015学年的82项，最近两年稳定回调。从最近8年的数据来看，优秀项目总计547项，约占8年总项目数（2 341项）的1/4。

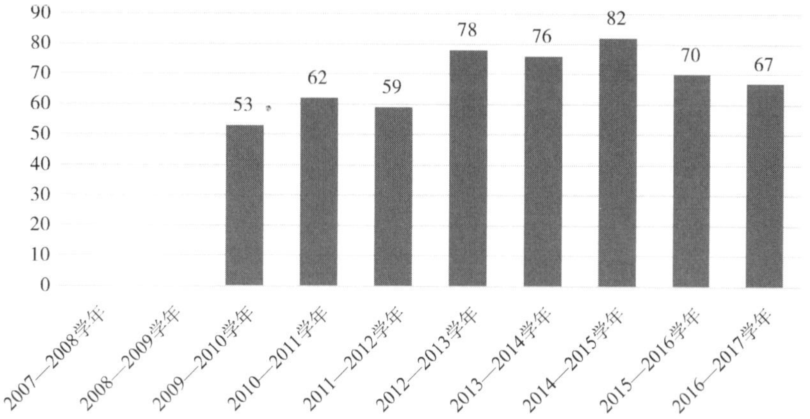

图3　科研与创新训练计划优秀项目数

注：2007—2008学年和2008—2009学年数据不详。

（四）科研与创新训练计划内容丰富多样

年度科研与创新训练计划的内容，可谓丰富多样。如图4所示，从该计划分类来看，既有创新训练计划，也有创业训练计划，还有创业实践。2014—2015学年有创新训练项目287项，创业训练项目63项，创业实践项目23项；2015—2016学年有创新训练项目256项，创业训练项目49项，创业实践项目7项；2016—2017学年有创新训练项目228项，创业训练项目55项，创业实践项目4项。从学科内容上看，既有理工科项目，也有社科类和人文类项目。

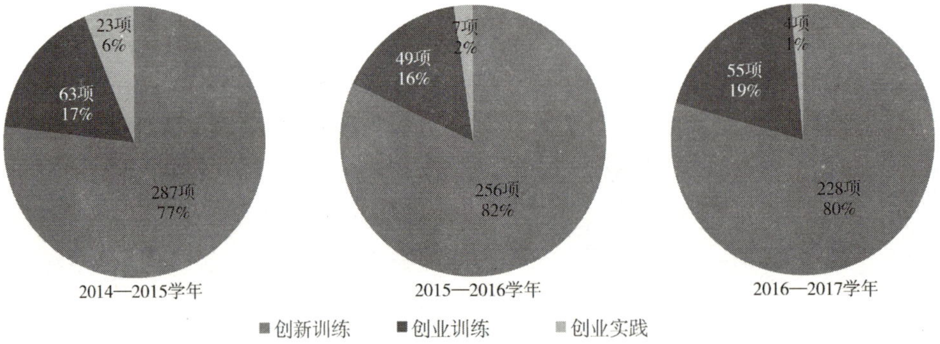

图4 创新创业内容分类占比

三、创新创业模式实践总结

（一）顶层设计，制度建设

2007年，该大学根据当时教育部有关文件精神，成立了大学生科研与创新训练计划领导小组，由校长任组长，主管教学和学生工作的副校长（副书记）任副组长，成员由教务处、学生处、科研处、团委等有关部门的主管领导组成，制定了《大学生科研与创新训练计划实施办法（试行）》，主要从科研与创新训练计划的实施宗旨、项目来源与资助方式、指导教师和学生、组织管理、经费管理及相关政策等方面进行制度设计。与此同时，学校主管部门还制作了从申报到项目结束的一系列表格，给参与项目者使用。

由校长亲自担任领导小组的组长，为科研与创新训练计划的开展与进一步持续发展奠定了良好的基础。10年来，在制度的保证下，科研与创新训练计划持续发展，取得了参与学生数与项目优秀率各达25%的好成绩。

（二）学生主体，积极主动

学生主体是指学生是有主观能动性的，是科研与创新活动中积极的参与者，他们根据自己的需要和兴趣，主动选择科研与创新训练计划项目。

科研与创新训练计划对于学生的发展能起多大作用，在很大程度上取决于学生的积极主动性发挥得如何。学生的积极主动性是一种良好的精神状态，它包括知、情、意、行等多种心理成分，主要表现为浓厚的认知兴趣，高涨的参与热情，坚强的努力意志和积极的思维活动，学生主体作用的发挥就在于这些积极因素的参与。

为了发挥学生主体作用，学校规定申报的大学生是在校二、三年级的本科生，要求具有创新意识和一定的研究开发能力，有足够的时间和精力从事所申请项目的研究。项目可以由学生个人或组建研究团队进行申请，团队成员不超过5人，作为申请人的学生只限报1项，作为参加者的学生同期参加的项目不得超过2项。鼓励学生跨院系、跨专业、跨年级组建团队。

根据笔者对一些项目团队的观察，项目负责人均具有创新精神，且组织能力较强，视野也较其他成员开阔。因此，项目负责人的综合素质往往是团队和项目成功的关键因素之一。

（三）教师主导，全程跟踪

教师主导作用是指在科研与创新过程中，教师始终是指导者和帮助者。学校要求指导教师具有一定的学术水平，富有创新精神，热爱教育事业，指导学生态度认真，在项目申请、执行的全部流程中进行指导、检查和督促。

具体做法是：针对项目申报，各个学院做好启动工作，既可通过班主任申报，也可通过专业课老师申报。借助启动工作，让绝大多数学生尽可能了解和熟悉科研与创新训练计划项目，鼓励学生参与申报，由指导教师指导，使申报符合学校的要求。由于时间跨度较长，学生容易有懈怠现象，因此要求指导教师全过程指导与督促，保证项目的有效实施。

（四）时空延展，实践落地

这部分的工作内容主要包括三个方面：一是组织申报国家级大学生创新创业训练计划项目，使科研水平获得进一步提升；二是结合社会机构需求，建立校外实践导师机制，对科研训练计划进行深化，使科研成果为社会机构所用；三是与创新创业大赛结合起来，将项目具体落地并和社会需求结合起来，把各种创新创业项目变成社会需求的产品，实现创新创业项目的社会价值和参与者的人生价值。

四、创新创业未来发展的对策与建议

（一）与时俱进，战略定位

该大学自2007年《大学生科研与创新训练计划实施办法》发布实施以来，根据时间和政策的变化，逐步将其细化。2017年6月新出台了《大学生创新创业训练计划实施办法》，明确将科研与创新改为创新创业，并将其细分为创新训练、创业训练和创业实践，逐渐向创业训练和创业实践倾斜。

虽然该校取得了不小成绩，然而与世界一流院校和国内先行高校相比，还有些差距。以美国为例，美国高校的创业教育经过课程教学、专业教学和学位教学三个阶段，在培育创业者和培养创业素质方面走在前列，根据一项统计，美国表现最优秀的股市专家和高新技术企业主中有86%接受过创业教育。国内9所被教育部2002年确定为创业教育试点的院校，已将创业教育列为本科生和研究生的公共选修课和一些经济管理学院的专业选修课，一些院校设立了创业学院和创业教育学院。因此，建议该大学设立层次更高一级的创业教育学院，可以涵盖学校教育的多个层级，建立与马克思主义学院等同级别的教育机构，尝试开展硕士阶段的创业教育。

（二）创业梦想，植根心智

从图2可以看出，最近两年学生参与数虽然稳定调整，但也存在迟滞不前的问题。学生是创业教育的主体，要采取多种形式的教学提高学生的兴趣、主动性和参与热情。因此，前瞻性的目标设置、系统性的课程内容和模式、多样化的教学方法和创造性的师资不可或缺。

创业教育的核心是创业精神和素质的培养。创业素质是创业能力内在的积淀，具体包括沟通、参与、灵活、责任和伦理等素质，也就是有敢于创新的勇气，有敢于承担风险并勇于承受失败的心态，有创业的意识和激情，有不断寻求并发现机遇的能力，有创造性地解决问题的能力，有进行战略性思维的能力，有争取主动、勇于担当的意识，有与他人合作、有效沟通的能力，并有自信心和说服力等。这样的素质是每个大学生都应该具有的素质，无论读什么大学，学什么专业，无论将来选择创业还是就业。

大学阶段将创业精神和创业素质植入学生的梦想和心智当中，将对大学生创业或毕业以后的创业产生深远的影响，也是创新创业训练计划要达到的目标之一。

（三）专业专为，多人多能

教师是创业教育的最终实施者，高质量的师资队伍是开设创业教育课程和取得预期效果的有效保障，创业教师要做走进创新创业大学生心灵的好老师。鉴于创业教育的师资现状，可以从以下途径解决师资问题：对教师进行专门化培训，聘请企业界人士担任指导教师，鼓励教师在企业任职，等等。

（四）长远跟踪，随时反馈

目前我国仍处于创新创业的黄金期。中国已有创业的经济基础，有信息经济兴起提供的创业机会。传统企业吸纳新生劳动力甚至大学毕业生的能力正在下降，新的高科技创新企业不断诞生，依赖创新要素驱动的创业时代已经来临。

对参与创新创业训练计划的大学生可以建立长期跟踪调查机制，也可以与未参加该计划的大学生建立对照组，进行跟踪研究，并及时反馈，对学校现有的创新创业训练计划进行及时调整和革新，使创新创业训练计划成为创新创业教育中的一个重要环节，使大学生终身受益。

五、研究局限和研究展望

研究局限主要有以下两个方面：一是由于没有获取足够的数据，无法对该校各个学院、各个专业参与创新创业的数据进行比较分析；二是由于时间紧张，也没有对同类高校或其他类高校创新创业数据进行比较性分析和其他方面的研究。

建议后续研究从以下几个方向进行：一是对该校各个学院创新创业数据进行对比分析，比较各个学院和专业大学生参与创新创业的异同；二是对参与创新创业的大学生进行心理学方面的研究，分析参与创新创业大学生的个性特征以及行为动机；三是对该校校友创新创业进行追踪研究，分析他们创新创业的成功经验；四是与全国其他同类高校、非同类高校的创新创业数据进行对比研究，比较各类高校创新创业的异同；五是对全世界创新创业较成功的高校，如斯坦福大学等的创新创业进行系统研究，给我国高校创新创业提供借鉴；六是对世界著名企业，如世界500强企业，尤其是创始人从大学时代就开始创业的成功企业进行研究，分析创业成功的各方面因素，以期对我国创新创业大学生有所启迪。

参考文献

［1］习近平．决胜全面建成小康社会　夺取新时代中国特色社会主义伟大胜利：在中国共产党第十九次全国代表大会上的报告［R］．北京：人民出版社，2017.

［2］林崇德．发展心理学［M］．北京：人民教育出版社，2009.

［3］中华人民共和国教育部高等教育司．世界主要国家创业教育情况［M］．北京：高等教育出版社，2012.

［4］中华人民共和国教育部高等教育司．高等学校创业教育经验汇编［G］．北京：高等教育出版社，2012.

［5］张昊民，马君．高校创业教育研究：全球视角与本土实践［M］．北京：中国人民大学出版社，2012.

［6］李乾文，何平，肖久灵．大学生“三创”案例策划与评述［M］．北京：经济科学出版社，2013.

［7］车丽萍．创业心理学［M］．重庆：西南师范大学出版社，2015.

［8］德鲁克．创新与企业家精神［M］．北京：机械工业出版社，2016.

［9］史密斯 L，史密斯 K．创业金融［M］．北京：机械工业出版社，2011.

［10］冯研，黎明．大学生创业教育［M］．北京：人民邮电出版社，2014.

［11］内克．如何教创业：基于实践的百森教学法［M］．北京：机械工业

出版社，2015.

［12］谢敏，王积建，杨哲旗．大学生创业指数研究：基于《全球创业观察中国报告》［M］．北京：中国社会科学出版社，2013.

［13］黄洋．做走进学生心灵的老师［J］．首都经济贸易大学学报，2015（1）．

［14］津巴多，约翰逊，麦卡恩．津巴多普通心理学［M］．北京：中国人民大学出版社，2016.

［15］弗罗克．联邦快递生意经：伟大的企业是这样诞生的［M］．北京：机械工业出版社，2007.

［16］普卡德．惠普之道：美国合伙人的创业思维［M］．重庆：重庆出版集团，重庆出版社，2016.

［17］马龙．两个人的帝国：惠普缔造的硅谷神话［M］．北京：中信出版社，2008.

［18］艾萨克森．史蒂夫·乔布斯传［M］．北京：中信出版社，2011.

翻转课堂浅析

李险峰*

【摘　要】本文介绍翻转课堂的理念，探究翻转课堂的理论基础，揭示翻转课堂对比传统教学所具备的优点，提出有效实施翻转课堂的具体方法，对于广大教师进行翻转课堂教学实验以及学校课程改革和教学改革可起到很好的借鉴和参考作用。

【关键词】翻转课堂；学生为中心；自主学习

随着人类进入21世纪，信息化、数字化浪潮逐渐席卷整个世界，给人类社会带来重大影响，也使人类生活发生巨大改变。传统的学校教学模式已无法满足人们变化中的需求，被动的学习方法也已过时。教育变革已悄然拉开帷幕，“翻转课堂”“慕课”“微课”等已成为教育界热议的话题。本文将对翻转课堂进行简要介绍和分析。

一、什么是翻转课堂

关于翻转课堂的概念，我们可以看到不同的版本，但翻转课堂创始人之一乔纳森·伯格曼和艾伦·萨姆斯的定义最为通俗易懂：学生上课之前，根据个人情况通过视频或者其他学习课件接受直接教学，而在课堂上，教师将时间用于提高整体教学效果，或者提供学生所需要的个性化教学。简而言之，翻转课堂就是学生在课外完成直接教学，课堂时间策略性地用于集体或者个性化活动。

传统课堂教学模式，往往由新课导入、知识讲解、布置作业、课外练习等几个环节构成，是一个先教后练的过程。与传统课堂教学模式不同，在翻转课堂教学模式中，教师创建教学视频或其他课件，学生在课外观看视频中教师的讲解，主要在课外完成知识的学习，课堂则变成了教师与学生之间、学生与学生之间互动的场所。课堂上教师主要通过组织答疑解惑、交流讨论、知识运用等活动帮助学生完成知识的习得，从而取得更好的教学效果。因此，翻转课堂教学模式是一个先学后练的过程。

---

*作者简介：首都经济贸易大学华侨学院。

二、翻转课堂的理论基础

虽然伯格曼和萨姆斯没有把翻转课堂作为自上而下的变革，而是把它称为基层教师“草根式”的自发变革，但后来的研究者仍能为翻转课堂找到可靠的理论根据和基础。

（一）沃什伯恩的精熟教学理论

美国教育家沃什伯恩于1919年最先提出精熟教学法，他认为学生在进入更高难度的学习阶段之前，应充分理解之前的学习概念。在传统的教育体制中，师生需要在固定的课时内完成对某个主题或概念的讨论。按照传统的教育模式，用于学习的时间是个常量，而学生对概念的理解程度却是个变量。这种教育方式忽略了这样一个事实：每个学生对材料的掌握程度都是不一样的。沃什伯恩倡导的教育理念认为，在教育中，常量应该是学生针对知识和概念的高水平理解，而变量才是学生为理解问题所花费的时间。在精熟教学法中，每节课并不是按照时间来划分的，而是根据理解程度和成绩来确定的。这种教育体制帮助学生按照个人节奏实现了对知识的同等水平的掌握。学得快的学生可以做一些巩固练习，而学得慢的学生可以通过单独辅导、寻求同龄人的帮助或者完成额外的家庭作业的方式来赶上进度。

（二）布鲁姆的掌握学习理论

布鲁姆的掌握学习理论的基本含义是给予学生足够的学习时间和个别帮助以及注意教学的主要变量，学生就能够在掌握一个单元的学习之后顺利进入下一个单元的学习，从而达到课程目标。他创立了如下学习模式：学业达成度 = f（实际学习时间/需要学习时间）。他认为，实际影响学习的时间量有三个变量：机会，即允许学生学习的时间；毅力，即学生自觉自愿进行学习的时间；能力倾向，即在一般情况下掌握某种学习任务需要花费的时间。如果有足够多的学习时间，绝大多数学生都能够达到要求掌握的标准。学生自愿投入在学习上的时间受学习态度和学习兴趣影响。教学的艺术在于让学生花费合适的时间就可以掌握学习内容。

（三）建构主义学习理论

建构主义学习观认为，学习不是由教师把知识简单地传授给学生，而是由学生自己建构知识的过程。学生不是简单、被动地接受信息，而是在教师的指导和帮助下主动建构知识的意义。这种建构是无法由他人来代替的，需要学生亲自完成。

建构主义的教学模式可以概括为：以学生为中心，在整个教学过程中教师起到组织者、指导者、帮助者和促进者的作用，利用问题情境、协作、会话等学习环境要素充分发挥学生的主动性、积极性和首创精神，最终达到使学生有效实现建构当前所学知识意义的目的。

（四）奥苏贝尔的认知同化学习理论

奥苏贝尔的认知同化学习理论的核心是：学生能够学习新信息，主要取决于他们认知结构中已有的有关概念；有意义学习是通过新信息与学生认知结构中已有的有关概念的相互作用才得以发生的。这种相互作用的结果，导致新旧知识意义的同化。

根据奥苏贝尔的学习迁移理论，把握学生已有的知识结构，为学生提供具有引导性的导学案例和教学视频，以促进学生建立新知识与旧知识之间的内在联系，重新建构新一级的知识结构。这在一定程度上起到“先行组织者”的作用，促进学生理解已有知识和新知识存在的内在联系，从而进行有意义和高效的学习。

三、翻转课堂的优点

和传统教学相比较，翻转课堂具有如下优点。

（一）以学生为中心，提倡学生自主学习，让每个学生成为最好的自己

在传统的课堂上，课堂时间都由教师主导并以教师为中心，教师对所有学生教授同样的内容，采用“一刀切”式的教学方法，没有做到因材施教。

翻转课堂则采用“先学后教”的模式，是以学生为中心的。学生在上课前就已经掌握了基本知识。互联网教育模式的灵活性能够让学生根据自己的实际情况和节奏随时随地学习，学生一旦有了在课堂讨论中的发言权，就不再甘心于充当“沉默的多数”，他们也要在各种课堂活动中积极参与，找回自信。

多种途径的学习为不同思维类型的学生找到适合自己学习的方式提供了更多的选择机会。对一段在线教学内容，学生可以找到以多种方式表达的视频，张老师的没看懂，可以换李老师的，总能找到一段适合自己的。

（二）培养学生综合能力，实现真正意义的素质教育

好奇心是学习的基本要素。学生对世界有着与生俱来的好奇心，他们在学习中会提出各种各样的问题。但是，如今的学校环境很少有机会让学生根据自己的兴趣学习，教师有太多内容要讲授，不愿意让学生自己去选择学什么和怎么学。

在传统课堂教学中，学生每天上课，教师讲授很多内容，然而在这个过程中，学生只是机械地记笔记（有些懒惰的学生连笔记都不记），浮于表面地讨论问题，没有责任感，也没有团队意识，不会进行深入的学习，只实现了布鲁姆教学目标分类法的“死记硬背”的记忆和较低层次的理解。

而在翻转课堂中，学生通过课下观看视频、查阅资料等方式，对知识进行提

前梳理和理解，不仅知其然，还知其所以然，不仅提高了归纳、总结等低层次的学习能力，更提高了分析、评估和创造等高层次的学习能力（图1）。

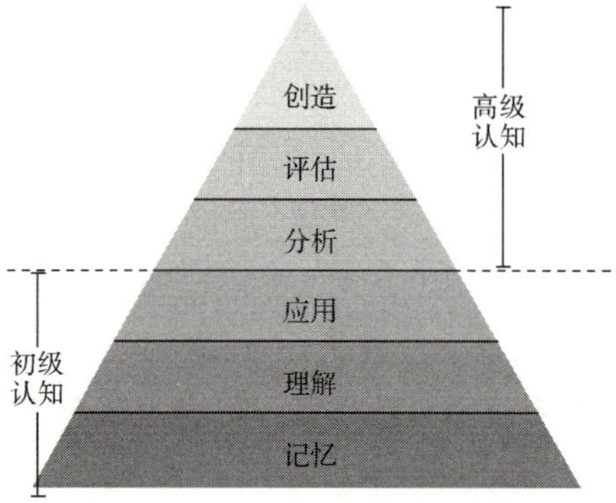

图1　布鲁姆教学目标分类法

课堂时间非常有限，给予学生绝对的学习自主权和控制权或许并不是最好的选择，但是，分出一部分学习时间让学生去探索自己的兴趣是非常重要的。

翻转学习模式节省了课堂时间，教师已经利用它们实践了“天才时间”或“20%的创新时间”。这种做法可以让学生逐渐选择自己的学习内容。

（三）有效提高课堂教学效果，产生高质量教学成果

布鲁姆教学目标分类法的金字塔结构表明，课堂时间应该据此分配，即处于金字塔下方的技能应该占用最多的课堂时间，而越向上的技能占用的时间越少。实际上，这也是传统课堂的真实情况：教师将大量时间用于学生记忆和理解，而很少花时间培养应用能力。教师也希望学生逐步取得更高思维技能，但却很少将时间用于分析、评估或创造。

对于布鲁姆教学目标分类法中最下两层（记忆和理解）的内容，教师制作的视频是最佳传授工具。这样，教师可以把宝贵的课堂时间用于布鲁姆教学目标分类法中较高层次的学习活动，这将使学习变得更为深入。学生不仅学习既定课程，而且能够证明他们对课题的全面掌握，并将新知识运用于具体情况。

此外，课堂讨论、答疑等环节，可以使教师得到学生的及时反馈，极大提高教师教学的针对性，而无须等到问题成堆以后再去解决。对于少数学生的个别问题，现代数字技术能够方便地找出其存在的原因，使得这些个别问题也能得到解决。

此外，实施翻转课堂教学，教师可以运用翻转学习培养学生的好奇心，从既定内容延展开去，在教学之前给学生机会体验凌乱的学习过程——所有这些都促使学习内容更丰富，学习方式更灵活，包括项目式学习和问答式学习。有些教师

尝试在问答式学习中加入视频部分。有些在问答式学习刚开始的时候就运用视频，鼓励学生提出问题，然后找出可能的答案。有些在问答式学习的中途运用视频，这时学生已经形成一些概念，视频可以加强学习的效果或者纠正错误的理解。这种学习方式更加自然，更加注重学生的热情和兴趣。

总之，翻转课堂摒弃了传统教学中的“一刀切”和“大锅饭”的做法，更加个性化地对待学生，不仅能帮助学生在学习的广度上和深度上进行拓展和探究，也能促进教学效果的改善。

（四）带动教师的教学能力、专业能力和综合能力的提升

在翻转课堂中，教师的角色发生了改变，教师变成了意义建构的促进者和帮助者，而不再是传统教学中的知识提供者和灌输者；教师是学生“身边的指导者”，而不是“讲台上的圣人”。教师需要设计课前学习任务，录制教学视频，设计课堂活动，观察学生的交流讨论，合作学习并给予指导等。这些工作，不仅要求教师提高自己的专业能力、组织能力和管理能力，还要求教师掌握使用电脑制作微课的技术。传统课堂中的教师只知“talk and chalk”（讲课加板书），如今要求教师具备综合教学能力和掌握现代电脑应用技术。

四、如何有效实施翻转课堂

近年来，中国教育界出现了“翻转课堂热”的现象，一些学校提倡甚至强制教师采用翻转课堂的形式授课，一些学校用翻转课堂教学取代了传统的课堂教学。同时，对于翻转课堂，也存在许多误解或担忧。有些人，甚至教育界的学者认为，翻转课堂就是用视频代替教师讲课，翻转课堂会给学生带来更多的负担，等等。那么，如何才能有效实施翻转课堂呢？笔者提出如下建议。

（一）评估学科、课程的适用性，做到因“课”制宜、因材施教

翻转课堂只是一种教学方法，不是教育界的革命，它只能作为传统教学方法的一种丰富和补充，而不是将传统教学彻底颠覆。因此，我们在应用翻转课堂时千万不能搞“一刀切”的做法，而是要评估学科和课程的适用性，看其是否适用于该学科、该课程。

目前国外开展翻转课堂教学实验的课程多为理科类课程。理科类课程知识点明确，很多教学内容只需要清楚地讲授一个概念或者一个公式、一道例题或一个实验等等，其学科特点便于翻转课堂的实施。文科类课程往往涉及多学科的内容，需要教师与学生进行思想上的交流和情感上的沟通才能取得良好的教学效果。

对于自己讲授的课程，授课教师也可以在备课时进行评估，确定课程中哪些章节适合采用传统教学方式，哪些章节适合采用翻转课堂教学方式。总之，必须

要树立分层教学的教学观，做到因“课”制宜，因材施教。

（二）加强教师培训，提高教师综合能力

在翻转课堂的实施过程中，教学视频录制的质量、对学生进行讨论、合作学习的指导、课前学习任务的设计、学习时间的安排、课堂活动的设计和组织等，都对教师有非常高的要求。

因此，教师要摒除因循守旧、坐吃老本的错误观念，要认识到在知识、技术爆炸的时代，依靠一本教材、一个教案就能讲一辈子课的做法早就行不通了；要树立终生学习的理念，不断学习，不断“充电”。教师除了学习自己的专业知识以外，还要提高电脑应用能力、组织能力、管理能力等综合能力。学校应加强对教师的培训，促进教师教育观念的转变和教学能力的提高。教师只有成为教学上的多面手，才能推动翻转课堂的应用、普及和推广。

（三）培养学生的自主学习习惯和能力

受文化背景和应试型教育模式的影响，许多中国学生的学习主动性、自主性较差。他们习惯于上课记笔记、考试背笔记、考后全忘记的机械记忆的低层次学习模式，不愿花费时间、精力进行深层次的学习探究。如果大部分学生不能有效完成老师布置的课前预习、看视频、查资料、发现疑问等学习任务，那么势必在课堂讨论或合作学习时造成冷场。传统教学中教师“满堂灌”、“一言堂”、学生被动接受的长期影响，使学生习惯了成为“沉默的多数”，学生很少提问、很少发言，从而严重影响课堂教学的效果。

学生在课外观看教学视频后，自己完成课前练习并在互联网上查找资料，总结问题，然后在课堂中与教师、同学进行讨论。这一切安排都是建立在学生具有良好的自主学习能力和信息素养的基础上的。学生只有具备较高的自主学习能力，才能够通过教学视频自觉学习课程内容，在课前练习中找到自己的疑问，并合理地安排自己的学习时间。学生只有具备较高的信息素养，才能够在网络中进行资源检索，通过网络教学平台与教师和同学进行沟通交流。因此，在实施翻转课堂的过程中，要注重学生的自主学习能力的培养和信息素养的提升。此外，学生如何有效阅读教材，如何观看微课，如何记笔记、做标注、记反思，如何进行小组合作学习，如何与同伴交流讨论等各个方面，都需要进行相应的培训和指导。

（四）构建翻转课堂的生存发展环境和支持体系

翻转课堂是一个系统工程，只依靠教师的“单枪匹马”“单打独斗”，是根本无法实现的，需要在学校、教育主管部门的大力支持和帮助下才能取得成效。

1. 摆脱应试教育枷锁，真正实现素质教育

如果学校仍然以应试作为指挥棒，一味追求通过率和高分率，互动课堂就根

本没有生存的空间，就会使课堂教学仍然以知识传授为重，使教学机械化，教师乐于搞疲劳战术和题海战术，习惯机械灌输，学生也习惯死记硬背，逐渐沦为考试机器，其知识质疑能力、科学探究能力、创造性思维能力和解决问题能力会出现严重缺陷。

因此，翻转课堂的有效实施和应用的前提就是全面、深入推进素质教育和课程改革，进一步培养学生的科学素养，满足学生终生发展需要，在课程实施上注重学生的自主学习，在教学方法上提倡多样化。

2. 在课程设置和教学安排上要合理

只有学校在教学上统筹兼顾、合理安排，互动课堂才能有效开展。例如，尽量安排年纪轻、综合能力较强、微课制作技术较高、勇于开拓和创新的教师担任翻转课堂授课工作。采用翻转课堂的班级或课程，应严格控制作业量，不应占用学生过多的课余时间，应该让学生有充足时间自主学习，布置给学生的主要学习任务是听教学试音和完成有针对性的练习等。

3. 提供信息技术的支持

翻转课堂的实施需要信息技术的支持。从教师制作教学视频、学生在课下观看教学视频，到个性化与协作化学习环境的构建，都需要计算机多媒体技术的支持。

网络带宽和速度问题是制约我国众多学校开展在线教学的因素之一。在实施翻转课堂教学时，学校要通过各种途径解决这一问题，如配置高性能服务器，增大网络带宽的接入量，有条件的学校实现校园 WiFi 无死角覆盖，等等。学生在课后是需要通过电脑和网络进行学习的。对于一些缺乏硬件条件的学生，学校应该提供相应的设备支持。例如，学校机房应在课外时间仍对学生开放，做到让学生在校园内随时可以进行网络学习。

教学视频制作的质量对学生的课后学习效果有着重要的影响。从前期的拍摄到后期的剪辑需要有专业技术人士的支持，不同学科的视频设计也应有不同的风格。实施翻转课堂教学实验的学校需要给授课教师提供技术上的支持，并且从视频的设计、制作到发布要形成流程，为后续教学视频的制作提供经验。

此外，决定翻转课堂实施成功与否的一个重要因素是师生、生生之间的交流程度。利用信息技术为学生构建个性化与协作化的学习环境至关重要，其中涉及网络教学平台的支持。通过该平台，学生可以根据自己的学习能力和需求定制学习计划，教师可以根据学生的反馈制定不同的教学策略。

4. 教学评价方式要改变

翻转课堂的有效应用，需要对教师的评估方式做出调整，应从传统课堂中对教师评估以通过率、升学率、高分率所谓“硬指标”作为评估主导，转而对教师专业能力、信息技术应用能力等综合能力进行客观评估。

对于学生的评估，也应改变一张试卷定成绩的传统做法，构建新的评估体系，考查和评估学生的自学能力、合作能力、组织能力、时间管理能力、表达能力等综合能力。多对学生进行过程性和发展性的评估，注重学生的情感、态度和价值观等方面的评价。

五、结语

虽然翻转课堂不是解决中国教育所有问题的“灵丹妙药”，但可以带来教育理念和体制的变革，也有可能为构建新型的现代教育模式创造契机。它推翻了传统的以教师为中心的教学模式，建立起以学生为中心的学习模式，使学生树立自主学习、合作学习和探究学习的现代学习观。与传统教学模式和方法相比，翻转课堂具备显著优点。在培养创新、创业人才的国家战略下，翻转课堂又凸显了重大的现实意义。同时，翻转课堂是一个庞大、复杂的体系，对整个教育行业、教育管理部门以及学校、教师和学生有着很高的要求。只有更新观念、统筹兼顾、合理安排、大力支持，才能保障翻转课堂的有效实施、应用和发展，才能推动课程改革、教育改革的稳步进行，实现教育的真正目标。

参考文献

[1] 伯格曼，萨姆斯．翻转学习：如何更好地实践翻转课堂和慕课教学［M］．北京：中国青年出版社，2015.

[2] 黄发国，张福涛．翻转课堂：理论研究与实践探究［M］．济南：山东友谊出版社，2014.

[3] 可汗．翻转课堂的可汗学院：互联时代的教育革命［M］．杭州：浙江人民出版社，2014.

[4] 布鲁姆等．布鲁姆掌握学习论文集［G］．福州：福建教育出版社，1986.

[5] 王慧来．奥苏贝尔的有意义学习理论对教学的指导意义［J］．天津师范大学学报：社会科学版，2011 (2).

[6] 陈玉琨，田爱丽．慕课与翻转课堂导论［M］．上海：华东师范大学出版社，2014.

“一带一路”背景下我校国际化人才培养模式探析*

段莹莹**

【摘　要】“一带一路”战略思想的提出不仅有助于发展我国与世界各国的伙伴关系，也为我国高等教育的发展与人才培养提供了重大的战略机遇。在此背景下，本文在阐述分析首都经济贸易大学本科招生、国际化培养现状的基础上，针对“一带一路”倡议，对我校本科人才培养国际化的优势（strength）、劣势（weakness）、机遇（opportunity）和挑战（threat）进行逐一剖析，明晰我校国际化人才培养的发展脉络和现存问题。在此基础上，提出我校本科国际化人才培养路径，从优化专业设置、吸引优质生源，改革国际化人才培养模式，拓展国际交流与合作三个方面优化，力争培养出“一带一路”建设背景下复合型、应用型的优秀国际化人才。

【关键词】一带一路；国际化人才培养；SWOT 分析

一、引言

《国家教育事业发展“十三五”规划》明确提出要推进共建“一带一路”教育行动，要持续培养通晓国际文化规则、熟知外语非通用语种、促进经贸发展往来的高素质复合型人才，这无疑将国际化人才培养推向高校育人工作的重要高度。在建设“一带一路”的新形势下，我们面临前所未有的机遇和挑战，我国的人才培养仍不能完全适应“一带一路”建设的发展需求。而“一带一路”建设亟须培养大批熟悉和了解“一带一路”沿线国家的复合型人才以及关键领域的专业人才，迫切需要加强与沿线国家的人才互通。我校作为北京市重点财经类高校，拥有扎实的国际化人才培养基础，在“一带一路”建设背景下应把握机遇，全面分析我校国际化人才培养现状，发挥优势、弥补不足，探索出具有我校特色的符合“一带一路”建设需求的国际化人才培养路径。

---

* 首都经济贸易大学教改立项重点项目“‘一带一路’战略下国际化人才培养模式研究”的阶段性研究成果；首都经济贸易大学高等教育研究项目“‘双一流’建设战略下基于特色与质量视角的地方高校国际化研究”的阶段性研究成果。

** 作者简介：首都经济贸易大学教务处，助理研究员。

二、“一带一路”视角下我校本科国际化人才培养现状分析

（一）“一带一路”沿线省份招生情况

根据我校招生工作数据，目前我校在“一带一路”沿线省、自治区、直辖市（以下统称为“省份”）共18个省份均有招生，包括新疆、重庆、陕西、甘肃、宁夏、青海、内蒙古、黑龙江、吉林、辽宁、广西、云南、西藏、上海、福建、广东、浙江、海南。近些年我校在京外招生人数较为稳定，以2017年为例，我校在上述省份共投放招生计划303人，占所有京外生源（共710人）的42.68%，比例可观。因此，我校积极推进适应“一带一路”建设需求的国际化人才培养有较大的现实意义。

（二）我校国际化人才培养现存模式

我校坚持个性发展与全面发展相结合，目前已经打造出多样化、全方位的国际化人才培养制度，侧重不同类型人才的需求，瞄准国际化人才的培养规格，通过全英文授课专业培养、专业设立特色国际班、开展境外合作交流三种模式，培养国际化的应用型、创新型、拔尖创新人才。

我校目前已设立全英文授课专业。这些专业在专业设置、培养计划、师资课程上都力求面向国际，选用具有海外经验的授课教师，部分专业还聘用了外教。此外，我校还选择了部分国际通用型专业，设立了国际班，培养具有全球意识和国际化视野的人才。

在国际合作交流方面，目前我校已与全世界多个国家和地区的许多高校及研究机构签署校际合作协议，合作院校遍布北美、欧洲、大洋洲等地区。学校开展院校两级学生学习交流，学习形式包括短期暑期交流、一学期或一学年交流交换、本硕博联合培养等，目前已与美国、德国、法国、瑞典、加拿大、日本等多个国家建立合作关系。希望在不久的将来，能够与“一带一路”沿线国家高校加深交流合作。

三、我校国际化人才培养在“一带一路”建设下的SWOT分析

针对我校实际情况，引入SWOT分析方法，对我校本科人才培养国际化的优势（strength）、劣势（weakness）、机遇（opportunity）和挑战（threat）进行逐一剖析，明晰我校国际化人才培养的发展脉络和现存问题，为推进建设“一带一路”倡议下的本科国际化人才培养体系打好基础。

（一）内在优势

通过对我校国际化人才培养制度政策的分析，不难发现，我校本科国际化人才培养主要有三个方面的内在优势：①国际化人才培养理念深入且较为成熟，中外交流合作项目多且形式多样。②我校有丰富的留学生培养经验，已经形成多层

次、多科性的国际人才培养体系。目前已经吸引70多个国家的留学生在校就读，2016年达1 016人。③我校发展国际化教育在基础设施、国际化课程和教学设置方面都较为完善。

我校对国际化人才培养的制度建设、教学与科研都高度重视，始终贯彻落实国际化人才培养理念。从学校和院系两个层面积极与世界接轨，洽谈校际合作项目。截至2017年2月，我校已与28个国家和地区的117所大学、研究机构、社会团体等有学术交流与合作往来。

师资方面，我校近年来引进的中青年教师都拥有国外留学背景或访学经验，且具备较好的双语或全英文教学能力。此外，我校还特别为本科生聘请了十余名外教，壮大了我校国际化人才培养教学的师资队伍。专业设置上，我校设立了工商管理（国际会计）等四个全英文授课专业，还针对部分专业设置了国际班，着重拓宽学生的视野，打造我校本科国际化人才培养的突出优势。

（二）劣势

虽然我校在培养国际化人才方面具有较多经验和内在优势，但是也存在一定的不足和劣势，具体如下。

第一，在地理位置上，虽然我校地处北京，享受较为丰富的教育资源，但同时，我校作为地方高校与外省联系相对较少，对各省的生源情况了解程度不一，且对于各地区发展的人才需求把握不够。这就导致我校制订招生计划和投放招生专业时，出现人才培养定位和地方发展需求脱节等问题，不利于引导毕业生回流就业。

第二，我校与国外资深高校在层次上还有较大差距，进行国际交流时能够合作的水平和深度还有待提升。除了“走出去”，我校在人才“引进来”方面亦处于劣势。选择我校作为留学地点的留学生主要是欠发达地区的学生，我校对于来自拥有丰富教育资源的发达地区的优质生源的吸引力尚且不足。

（三）外部机会

2014年，中央财经领导小组第八次会议强调“‘一带一路’要坚持经济合作和人文交流共同推进，促进我国同沿线国家教育、旅游、学术等人文交流，使之提高到一个新的水平”，这为教育文化在区域和全球交流提供了广阔空间和高端平台。

第一，“一带一路”建设促进了我国与“一带一路”沿线国家的政治、经济、文化教育的深入交流与合作，为我校本科生进行国际交流、出国留学等提供了更多的机会。

第二，在“一带一路”倡议下，亚投行、金砖银行和丝路基金相继设立，所需要的国际化人才不仅要掌握语言技能，更要具有国际视野，通晓国际规则，是技术技能型人才和外经外贸型人才，而这类人才正是我校擅长且致力培养的，这无异于是我校为“一带一路”建设培养大量优秀国际化人才的重要机会。

第三，我国和“一带一路”沿线国家政治、经济、文化方面的交流合作势必促成大量的经济活动，而这些恰恰为国际化人才的输出开拓了新通道，提供了更宽的就业渠道和更广的就业方向，成为我校发展培育国际化人才的重要机遇。

（四）威胁和挑战

国际化人才培养的推进不能一蹴而就，促使我校理性分析挑战和威胁。

第一，就人才供给来说，我校地处首都，有诸多“985”“211”“双一流”高校在与我们进行人才引进和输出的竞争。人才引进方面，与清华大学、北京大学、中国人民大学等综合大学以及中央财经大学等财经类高校相比，我校对于优质生源的吸引力相对欠缺。专业培养方面，基础设施、教学资源、师资力量等的水平还需整体提升。国际化人才就业上，也有部分高校和我校存在着竞争。

第二，语言沟通方面存在挑战。我国长期以来将高等教育发展和追赶目标锁定在英美等西方发达国家，只注重英语的应用。而“一带一路”沿线国家的语言较为多样，语言作为沟通交流的载体，对“一带一路”沿线输出国际化人才形成一定的技术壁垒。

第三，“一带一路”沿线国家普遍国情复杂，地区、阶层、宗教派系差异性大，官方外交不可能全面了解民间需求与广泛民意，需要民间外交人才通过学术研究、文化交流等方式洞悉民意。而我校擅长的是经济管理人才培养，在外交、文化、宗教等方面教学实力总体有限。这都是我校在针对“一带一路”建设培养国际化人才时需要考虑的方面。

四、基于SWOT分析下的本科国际化人才培养路径

（一）优化国际化专业设置

学校在制定专业建设目标时，应根据“一带一路”建设需要以及我校的实际情况，集全校优质教育资源培育品牌，突出优势，强化特色，并以优势和特色学科为基础，走纵向延伸、横向拓展、内在联合、学科交叉融合的道路，将优势和特色学科作为学校品牌吸引生源，提升学校核心竞争力，提高学校知名度。

“一带一路”沿线地区的经济发展程度不同，人才需求差异较大。为了积极引导“一带一路”沿线地区的学生返乡就业创业，更好地为当地发展提供人才支持，我校应在设置招生计划时综合参考各省生源质量、各专业报考冷热程度、各地区经济发展状况和人才需求特点，科学、合理地投放招生专业和招生人数，使招生计划能最大化地满足各地区经济发展对高等教育的需求。同时，积极推动人才回流，促进各地区人才资源与经济社会的协调发展。

此外，我校还应实施调整专业数量和发展专业内涵相结合的战略，对部分不能适应发展要求的专业加以更新、调整或停止招生；同时，有计划地增加一些适应“一带一路”建设需要，就业前景广阔的新专业。

（二）改革国际化人才培养模式

国际化人才，是具有国际化思维和视野，具备国际一流知识结构，意识和能力达到国际化水准，在全球化竞争中善于把握机遇和争取主动的高层次人才。因此，需要从培养目标、专业课程建设、师资队伍建设等方面着手，推进改革国际化人才培养模式，提高教学质量。学校要有针对性地培养创新创业人才、语言人才、专业领域人才、国际化复合型人才，制订系统的课程方案，深化课程教育改革。

在教学理念、目标和课程设置上，要兼具特色性与针对性。一是在外语和国情的教学中，除了教授传统的英语外，考虑到“一带一路”沿线国家语言丰富，文化多样，各国风土人情和国情不尽相同，需要有针对性地开设“一带一路”沿线国家的小语种课程和相关民族文化课程等，以提高学生的语言沟通能力。二是在传统的“公共基础课 + 专业基础课 + 选修课”的教学模式基础上，强化能够提升学生视野和能力的课程建设，增强“一带一路”沿线国家经济（突出产业）发展历史、现状和趋势，以及“一带一路”沿线国家商业贸易规则和特点等课程的教学力度，每一门课程的强化和增设都对应一种外贸工作能力的提高。在师资力量欠缺时，可以引进相关的网络通识课进行网上教学等。

师资水平决定教育质量，故而须培育具有较宽国际化视野、掌握国际先进学科前沿理论的师资力量。师资队伍建设的主要途径无外乎内部培养和外部引进。我校应当着重内部培养，创造条件保证教师参加国内外高水平学术研讨会和交流活动，提升教师水平，同时提供且不断改善教学和科研条件。此外，我校还可针对个别专业从外部引进外教及学术大家解决国际师资力量不足的问题。

（三）拓展国际交流与合作

培养适应“一带一路”建设需求的国际化人才，我校还要进一步加强与国外高水平高校的交流与合作：逐步推进一些满足国际发展需求的特色专业的设立和发展，积极落实“走出去”“引进来”的培养思想，进一步开阔国际视野；着重加强和国外高校的互动，学习最新的优秀办学理念，完善管理制度，提高管理水平；开展一些具有高水准的国际办学项目合作；响应国家“一带一路”倡议，加大与“一带一路”沿线国家的教育合作力度。

留学生不仅是文化使者，也是国家战略的促进者、参与者与建设者，其语言、专业和跨文化交流优势是个人专长与国家战略的有机结合，也是“一带一路”建设软实力的有效载体。基于此，一方面，要努力创造条件“引进来”，主要是扩大我校留学生规模，进一步提升留学生教育质量；另一方面，要积极鼓励“走出去”，我校可以通过合作办学和交流互换等方式广泛开展国际合作，培育具有国外教育背景的应用型、复合型国际化人才。

参考文献

［1］成雪岩．“一带一路”国际化背景下高等教育创新人才培养的路径［J］．教育理论与实践，2016，36（27）：9－11.

［2］李艳航，刘纬鹏，苏向宇．“一带一路”战略背景下高校人才培养体系创新研究［J］．产业与科技论坛，2016，15（9）：175－176.

［3］周谷平，阚阅．“一带一路”战略的人才支撑与教育路径［J］．教育研究，2015，36（10）：4－9，22.

［4］文君，蒋先玲．用系统思维创新高校“一带一路”国际化人才培养路径［J］．国际商务（对外经济贸易大学学报），2015（5）：153－160.

［5］侯杨方．“一带一路”战略亟需建立人才培养体系［N］．文汇报，2015－05－08（006）．

模拟庭赛：国际法课程的实践教学*

谢海霞**

【摘　要】全面推进依法治国，对社会主义法治人才培养提出了新的要求。围绕着法律人才培养模式改进，各个高等院校都在积极创新人才培养机制，加强课程体系建设，加强学生实践能力培养。结合国际法课程的教学改革实践，组织学生参加模拟庭赛正在成为新的实践教学模式，也是实践教学的新的突破点。模拟庭赛因为其内容具有时代性、新颖性，实践能力要求高，对于老师和学生都提出了新的要求。同时，模拟庭赛还具有可复制性，可以将小众的实践拓展到教学实践中，为法治人才培养提供新的方式和途径。

【关键词】模拟庭赛；实践教学；溢出效应；可复制性

一、引言

培养什么样的人以及如何培养人始终是大学教育必须面对的问题。党的十八届四中全会提出全面推进依法治国的方略，党的十九大报告中明确提出我国坚持全面依法治国，坚定不移走中国特色社会主义法治道路，完善以宪法为核心的中国特色社会主义法律体系，建设中国特色社会主义法治体系，建设社会主义法治国家，发展中国特色社会主义法治理论，坚持依法治国、依法执政、依法行政共同推进，坚持法治国家、法治政府、法治社会一体建设。培养社会主义法治人才就成为当今的时代主题，也是高等院校法学院的人才培养目标。然而，社会主义法治人才的内涵是什么以及如何培养，是一个始终需要探索的问题。2017 年 5 月 3 日习近平总书记在中国政法大学视察时，提出了高校教师要深入研究和解决好为谁教、教什么、教给谁、怎样教的问题，努力以中国智慧、中国实践为世界法治文明建设做出贡献。同时，进一步强调了实践是法治人才培养的重要方式，经典阅读是学校人才培养中不可或缺的手段，要吸收借鉴世界优秀法治文明成果，解决中国实践问题。在法学专业教学中突出实践教学已经成为共识和普遍的做法，是实现创新法治人才培养机制的重要手段。目前，许多学院都将学生实践能

---

* 本文系校级教改课题“国际法课程体系的优化与教学改革实践”的阶段性研究成果。

** 作者简介：首都经济贸易大学法学院，教授。

力的培养纳入学生的课程体系中，诊所教学、社会实习、社会实践等已经课程化，案例教学成为法学类课程教学中的标配，模拟法庭、谈判课程的比例在增加。在国际法课程的教学中，模拟庭赛因为专业性强，实践能力要求高，内容具有可复制性，“涟漪”效应明显，正在成为一种新型实践教学模式。

二、模拟庭赛的实践教学特性

第二次世界大战（以下简称“二战”）后，国际法课程的教学与实践呈现出新的特点。这表现在以下几个方面：首先，国际法内容和体系的深化与扩张对于国际法教学提出了新的要求。随着全球化的推进及科技的发展，国际法的内容和体系日益深化，从深海到外空，从个人权利保护到人类命运共同体构建，国际法的研究领域和范围越来越宽广。与此同时，国际法的自身特点及属性又使得国际法呈现出“碎片化”的特点。在教学中充分体现国际法的新发展，展现国际法的实践特性和发展特点，是课堂教学不能完全实现的。其次，国际法的加速发展与国际法教学静止化之间矛盾凸显。二战后国际法发展迅速，国际法理论和实践达到了新的历史高度，但是国际法的教学内容和体系几乎是一成不变的，国际法教学更像是一艘缓慢行驶的船，离前方的目标越来越远。最后，国际法课程内容与实践教学脱节。传统上国际法课程内容被认为是“高大上”的，是不接地气的，是无法和国内的司法实践对接的。法学院的实践教学类型，一般都是在国内司法机构、律师事务所、公司等部门实习等，就实习的场所和实习内容看，这些实习似乎都和国际法课程不搭边，国际法的实践教学被边缘化了。尽管也有个别同学能争取到在国际组织实习的机会，但是名额极其有限，不能产生规模效应。与国际法的实践教学的有限性相比，我国对于国际化人才的需要极为迫切，尤其是随着“一带一路”建设，随着人类命运共同体的构建，随着依法治国的深入，这种实际需求和国际法教学实践有限性的矛盾日益凸显。因此，探索国际法的实践教学模式不仅是为了满足教学需要，更是为了满足社会对国际化法律人才培养的需要。

事实上，国际法中的实践教学方法是多种多样的，既包括到国际组织实习，也包括参与司法机构的涉外审判等方式，其中最有代表意义的方式就是组织学生参加模拟庭赛。近年来，许多高校都逐渐认识到了模拟庭赛的重要作用。例如，英国的剑桥大学首先在英国将“JESSUP”国际法模拟庭赛设置为一门课程，澳大利亚、美国、新加坡等国家的高等学校也将一些模拟庭赛纳入教学课程中，新加坡国立大学的 JESSUP 国际法模拟庭赛课程对于选课还规定了严格的条件。模拟庭赛在我国曾经是新生事物，但是随着我国对于国际化人才培养需要的增加，随着模拟庭赛人才培养的优势显现，模拟庭赛在我国逐步落地生根，蓬勃发展。

不仅如此，我们还创造出了具有自身特色的模拟庭赛。据不完全统计，我国已经陆续引入JESSUP国际法模拟庭赛、国际刑法模拟庭赛、国际人道法模拟庭赛、空间法模拟庭赛、贸仲杯模拟庭赛等在内的多个国际法模拟庭赛，同时，我国有关部门和高校还联合创办了世贸组织法模拟庭赛等国内竞赛。

模拟庭赛数量的快速增长，反映出模拟庭赛具有独特之处，这种独特之处吸引了众多高校和实务部门的共同参与。模拟庭赛的参赛队伍规模每年都在扩大。例如，全球有超过600多所学校参加JESSUP国际法模拟庭赛。在我国，2017年参加JESSUP国际法模拟庭赛中国赛区竞赛的学校已经增加到49所，增长趋势明显。与参与人数形成正比关系的是，一些实务部门将模拟庭赛作为选拔人才的平台，对于表现良好的学生给予一定的优先实习机会甚至工作机会，有些单位还将参与过模拟庭赛作为人才潜力评价的一个标准。作为人才培养基地的高等院校和作为人才使用部门的实务部门共同选择了模拟庭赛，将之作为人才培养的重要手段，模拟庭赛无疑具有无可比拟的实践优势。

模拟庭赛之所以能被广泛推广，得到充分认可，一方面在于其题材具有现实性，反映了当前的发展实践，弥补了教学内容的滞后；另一方面，在于模拟庭赛是以“实战”模拟现实争议解决，考察的是学生的实践能力，学生要学会用碎片化的国际法解决现实问题。模拟庭赛虽然是一段庭赛过程，参加庭赛的学生有限，但是模拟庭赛的内容和方法具有可复制性，可以从庭赛现场复制到学校，可以从实践的个人复制到班级，拓宽了实践的时间维度，拓展了竞赛内容的空间维度，具有明显的溢出效应。

三、模拟庭赛的实践教学价值

（一）模拟庭赛的实践价值

模拟庭赛有个共同特点，就是让学生从对“法律的确定性”理解到对“法律生活的不确定性”的认识，从而体会到法律中技能和技术的关键地位。社会实践的复杂和多变性无法在教科书中完全呈现，参与每一种社会实践又是不可能做到的，如果要寻找一种既能充分反映现实又能和教学紧密结合的实践模式，则模拟庭赛当之无愧，因为其完美地解决了国际法教学中的实践性问题。

第一，模拟庭赛的赛题充分反映了当前的国际社会实践。JESSUP国际法模拟庭赛每年的赛题都紧密结合当前的国际法理论热点与当前的国际社会实践，具有综合性、新颖性的特点，其中既涉及国际法理论的新发展和新挑战，也涉及当前国家实践面临的新问题。可以说，每次赛题都是现实案例的提炼和总结。每次模拟庭赛中指导学生对赛题进行分析和讨论的过程，无疑是师生共同解决问题的过程。这既是一次理论争鸣，更是一种实践演练。

第二，模拟庭赛的过程是实践的再现，因为庭赛过程充满不确定性。整个模拟庭赛的设计结果无法预知。竞赛的过程就是学生运用法律的实践过程。竞赛法官多来自实务部门，注重对参赛选手法律认知、庭审反应能力、对于竞赛事实的把握、法庭上的表现、组织能力以及时间管理等多个指标的考察，并且环环相扣。

第三，庭赛是对学生全方面实践能力的考察。竞赛包括撰写书状和参加庭审两个阶段，前者在于考察学生的法学理论水平、写作能力、逻辑能力，后者在于考察学生的法律实践能力，学生的听、说、读（听得懂法官问题、对手的观点和逻辑，清晰表达自己，读得懂法官和对手的身体语言）等多方面能力。学生通过参加模拟庭赛，面对真实案例、真实庭审的挑战，逐步挖掘自己的潜能，做到向对手学习、向法官学习，各个方面都得到极大的锻炼，甚至可以说是经历了一次全新的“革命”。

（二）模拟庭赛的“涟漪”效应

模拟庭赛虽然重要，但始终不能作为开展实践教学的唯一方式。模拟庭赛自身具有阶段性、碎片化、小众化的特点，不能覆盖全部学生，也无法形成系统化的训练。模拟庭赛的赛后作用在于其具有可复制性，能产生一系列的“涟漪”。

第一，可以将模拟庭赛直接复制到学校，让更多的学生受益。法学院在2014—2016年曾经连续三年开设国际法竞赛实训课程。这类课程注重从理论层面分析竞赛中的问题，注重训练学生运用所学理论分析、解决现实问题的能力。竞赛实训课程在课堂上开展模拟竞赛，要求学生按照竞赛的要求一步步学习，同时由任课教师在不同阶段进行讲解和指导，最终以学生在整个学期的表现作为考核依据。这种方式让多数同学都能参与模拟庭赛，锻炼了实践能力，一定程度上弥补了模拟庭赛参加人数少的不足。

第二，通过引入竞赛实训课程，促进教学模式转化。实训课程重在学生参与和实践，因此，在课堂设计上，教师要转变教学方式，从传统讲授式教学者转变为引导者和组织者，让学生成为学习的主体，推动庭赛进程。学生在开展竞赛实训的过程中，要会读资料，读得懂相关资料，这对于学生的专业技能和语言要求非常高，学生必须花费足够的时间才能完成任务，这是学习的第一站。比赛中给定的资料毕竟很少，不能完全反映当前的理论争议或者实践做法，如果学生想做得更好，还必须带着问题去寻找资料，学会检索和过滤，然后再从各种纷繁复杂的资料中找到对自己有用的内容，这本身就是学习，也是学习的第二站。在教师的指导下进一步做案例分析，开始撰写文书，完成看似不能完成的任务，实现自我的突破，学习上升到一个新的境界。再进一步就是开展模拟训练，将前面的内容完美结合，呈现出来。整个过程中，学生从被动的知识接受者转换为学习的主动者，完成了数据—信息—知识的转化，教师的工作也从授人以鱼转变为授人以渔，其与学生共同得到提升。

（三）模拟竞赛的“溢出”价值

模拟庭赛会产生“溢出”效应。模拟庭赛既能提升学生分析和运用专业知识的能力，同时还能提升团队建设和合作能力，培养学生的责任意识，提高学生运用外语的能力，甚至影响学生的职业选择。这与当前的大学教育理念和目标是一致的，大学教育是全人教育，既要培养学生的学习能力，更要注重学生的德行教育。

模拟庭赛要求团队合作，注重责任培养。每个竞赛需要短则 1 个月，长则半年的时间准备，学生在这个过程中要完成繁重的阅读和写作任务，要和队友紧密协作，训练和比赛过程中必须学会坚持和忍耐，这也是学生品格培养的过程。同时，学生还要做到有效沟通，找到自己在团队中的定位。最重要的是要有责任心，不能中途扔下同伴逃跑，更不能弃赛。教师不仅要在专业上指导学生有效解决实践问题，还要指导学生学会自我管理，学会如何搞好团队协作和合作。

四、模拟庭赛亟须更多的政策支持

模拟庭赛作为一种新型的实践教学模式，在发展中得到了学校的多项政策支持，这是模拟庭赛得以开展的前提和基础。经过几年的实践，模拟庭赛在法学院已经有组织地开展起来，并且取得了一定的实践效果。目前法学院已经组织和指导学生参加了包括 JESSUP 国际法模拟庭赛、国际刑法模拟庭赛、国际人道法模拟庭赛、世贸组织法模拟庭赛、贸仲杯国际商事仲裁模拟庭赛等多项模拟庭赛活动，学生通过参加竞赛受益良多。但是，在组织参加模拟庭赛过程中，还存在着一些难题需要破解。

第一，对学生的激励和约束机制设计存在不足。这主要体现在模拟庭赛无法直接学分化上。目前学校的做法是在竞赛结束后给学生创新学分，解决了竞赛无法和教学衔接的部分问题，这至少是对学生参与竞赛的一种承认。但是这种认证属于事后认证，并且还不是专业认证，无法和学生的专业学分对接，也不能对学生产生过程约束，无法实现事前激励和事中约束的目标。

如果学生参加竞赛是实践教学的一部分，那么竞赛结果就是教学的结果，则竞赛结果也可以通过教学学分体现。通过学分化将竞赛引入教学机制，意味着学生可以通过选课系统选择参加竞赛，参加并完成竞赛就相当于完成一门专业选修课的学习任务，学生就无须在竞赛之外选择学分课程，这是其激励作用的表现。也正因为这是一门课程，学生不会随意对待竞赛内容，更不会中途无故退出比赛，否则就无法完成学习任务，学生自行承担相应的后果，这是其约束机制的表现。有了完善的约束和激励机制，才能吸引更多的学生参与竞赛，完成竞赛。

第二，教师工作量体现不足。模拟庭赛是动态中的竞赛，所涉及的内容都属前沿领域，年年有竞赛，年年内容都不同，因此，教师指导一项模拟庭赛所耗费的精力一定不会少于一门讲授课程。然而问题在于，教师所有的课程讲授都会计入工作量，工作量可以用于教师的考核和晋级晋升，但是教师指导模拟庭赛的付出至今无法计入教师工作量。这样的政策所造成的后果就是将模拟庭赛永远尊为“老二”，教师总是在完成所有教学工作量基础上才会考虑指导模拟庭赛，甚至有的教师因为模拟庭赛和考核、升职没有关系而不愿意指导模拟庭赛。可见，这里存在着一种矛盾：模拟庭赛实践教学效果突出，但学校的考核机制却不能认可教师的教学付出。如果长期依靠教师的良知与自觉来指导竞赛，模拟庭赛不会走得长远。

五、结语

法治人才培养模式目前正在经历着较大的变化，职业化的人才培养目标要求课程教学更加突出专业化、职业化的特点，在这其中，将实践教学广泛引入是实现法学人才培养职业化的途径之一。模拟庭赛作为实践教学的重要方式，创新了人才培养模式。同时，由于其具有可复制性，对教学内容、教学模式等多个方面进行创新，可以内化实践教学于课堂内的教学，突破国际法教学中实践教学的瓶颈，为涉外法治人才培养找到一条切实可行的途径。

参考文献

[1] 何志鹏. 模拟法庭与法学教育的职业转型 [J]. 中国大学教学，2016 (4).

[2] 黄进. 世界一流大学建设与一流本科教学的创新 [J]. 中国高教研究，2016 (6).

[3] 黄进. 实施“一带一路”战略，培养一流法治人才 [J]. 中国大学教育，2016 (8)：45.

浅析少数民族预科学生的教育与管理

钱　程*

【摘　要】民族预科教育是我国现行的民族教育政策之一，是民族高等教育的一个特色，在高等教育体系中处于重要地位，发挥着不可忽视的作用。然而随着民族教育事业的不断发展，少数民族预科学生日益增多，招生高校数量增多，规模显著扩大，无形中增加了教育管理的难度。本文在少数民族预科教育规模不断扩大的基础上，分析探讨少数民族预科学生的教育管理方案。

【关键词】少数民族；预科学生；教育管理

我国历来重视少数民族地区的稳定与发展，少数民族预科教育以少数民族地区实际状况作为出发点，着重培养优秀的少数民族人才，对我国的高等教育有着极其重要的影响。然而，面对数量日益增多的少数民族预科学生，高校的教育与管理工作显得愈发重要。如何更好地从思想政治和理论学习等方面有效提升对少数民族预科学生的教育和管理，是每一所预科培养高校都要高度重视的问题。

一、少数民族预科学生教育管理现状

少数民族预科学生的教育管理按阶段可分为预科阶段与本科阶段，二者差异显著。前者更多为高中教育阶段的延续，学生的课程设置、作息安排等都更加范式化、精细化；而后者则体现出普通高等教育灵活多样、因材施教的特点。

（一）预科阶段教育管理现状

1. 延续多创新少

预科教育阶段在课程设置上更偏向于延续高中的课程，多开设数学、语文、英语、计算机等基础性课程。此外，由于预科阶段的集中管理更有利于教学管理，学校在预科生的管理过程中也会以强制性和要求性为主导。可以说，一两年的预科教育在某种程度上就是“高四”或“高五”。正因为实行集中管理与统一教学，预科学生的个性化发展较为薄弱，创新能力不足。

---

*作者简介：首都经济贸易大学教务处，助理研究员。

2. “补”多“预”少

少数民族预科学生在预科学习阶段，会更多地接触到“补”的内容，补习高中未涉及的课程、补习中国传统文化、补习汉语英语等语言技能等，欠缺对大学本科阶段“预”的内容。尤其是对本科阶段大学文化的理解，对专业的认知和对今后的学涯规划等，准备极少或毫无准备。“补”多“预”少的现状导致很多少数民族预科学生在进入本科学习之后出现文化自卑、思想迷茫、学习困难等情况。

（二）本科阶段教育管理现状

1. 思政教育存在“管不了”的薄弱环节

少数民族预科学生的教育、语言、文化背景具有统一性，进入内地高校后，会出现文化地位弱的感觉，易产生自卑、排斥他人的心理，让人产生“管不了”的感觉。虽然随着我国维稳工作的逐步推进，很多少数民族学生的思想意识已经发生转变，逐渐远离了极端民族思想，淡化了宗教意识，并有了鲜明的立场，但也需要时刻警惕境外势力借助预科学生自卑的思想来误导学生。

2. 管理上存在“不敢管”的畏难情绪

我国当前维稳工作受到多方重视，民族团结与民族发展始终处于重要地位，很多内地高校在管理少数民族预科学生的过程中，因其特殊的民族背景与民族文化，将他们视为“客人”，除了在生活上给予充分照顾之外，在学习和学生日常管理方面，也经常为预科学生“找捷径”“开绿灯”。这种“不敢管”的管理理念虽然重视了民族团结，但却忽视了预科学生的人才培养质量。

3. 管理队伍存在“不会管”的人才短板

我国在少数民族管理方面明确要求数量较多的少数民族学生必须配备民族专职辅导员，然而许多高校的少数民族预科学生的教育经费尚不足以聘请民族专职辅导员，现有辅导员在处理少数民族学生问题时缺乏经验与技巧，而且少数民族学生对汉族辅导员有着天然的抵触，十分不利于少数民族预科生的教育管理工作开展。

4. 就业存在“不好找”的指导压力

众所周知，当前社会就业压力越来越大，少数民族预科学生也不能置身事外。绝大部分少数民族预科学生都会选择在毕业后回到少数民族地区就业，但此项就业指导存在一定难度，受多种因素影响。根据调查，绝大多数的少数民族预科学生渴望自己能够在央企国企、省会城市拓展兴趣，继续打拼，但缺少计划与规划。

二、加强少数民族预科学生教育管理的对策

（一）强化思想政治教育工作

教育管理者应紧扣国家稳定、民族团结的主题，通过多样化的形式来提升少

数民族预科学生的思想政治高度，使之真正意识到维护各民族团结与稳定发展是预科教育的一个重要组成部分。可以采用普通授课、主题讲座、宣传展览、文体活动等多种形式来加强思想政治教育，提升预科学生的民族认同感与民族自豪感，同时也能在一定程度上避免境外分裂势力影响预科学生的思想。

（二）优化培养方案与课程体系

预科培养院校应按照“突出重点、加强基础、兼顾专业学习”的原则，不断优化少数民族预科学生的培养方案与课程体系。对于预科两年的“民考民”考生，在突出汉语主干课程地位和提升汉语水平能力的同时，加强思想政治理论课程、数理化基础课程等的建设，形成“一突出两加强”的课程体系。

在培养方案上，贯彻落实因材施教方针，实行分级和分层教学：①分级。采用“入校摸底考试—分级—课程教学”的教学模式。②分层。根据预科学生生源特点逐步推进两层分级模式——普通班和实验班，根据学生能力对学生进行差异化培养。

（三）打造优秀的教师队伍

打造优秀的教师队伍要从这几个方面着手：一要加强授课教师的业务水平，注重课堂教学效果与教学质量，做好教学质量评估与检查工作，保证授课教师能够传授全面的知识与正面的能量；二要丰富授课形式，在课堂授课的基础上加强沟通互动，甚至可以引入翻转课堂、慕课、网络课程等现代化的教学手段；三要落实班主任责任制，给每个预科班级配备专职班主任，负责掌握班级整体情况，随时关注学生动态，在出现突发事件时第一时间稳定学生情绪，防止事态扩大；四要完善教师交流机制，打通内地高校教师与预科高校教师的交流渠道，内地高校教师对专业知识掌握充分，而预科高校教师则更善于学生的教育管理，双方应互通有无，取长补短，共同在预科学生培养过程中发挥积极作用。

（四）补充学涯规划教育

少数民族预科学生受地域、文化环境、经济发展水平等因素影响，对未来学习的规划还处于真空地带，对自己今后就读的专业一无所知。因此，预科教育学校应与预科招生高校相互配合，在继续加强文化基础课程教育的同时，加入专业认知、专业体验、学涯指导等方面的教育，力求为少数民族预科学生在进入内地高校前制定学习目标与努力方向打下坚实的基础。

（五）加强就业指导工作

少数民族预科学生的就业观念与择业观念还存在一些问题，经常出现奉行享乐主义的倾向，对毕业后返回新疆等少数民族聚居区的就业方向感到迷茫，这样的就业心态在一定程度上会影响预科学生的心理平衡，大部分预科学生的就业期望值难以实现，很有可能形成影响社会稳定的因素。为此我们需要多方面对少数民族预科学生的择业、就业理念进行选择性干预，有的放矢地强化对预科学生的就业指导。首先，要冲破部分政策壁垒，为预科学生提供在内地单位就业的机会，表现优异的预科学生可以直接留校担任民族学生专职辅导员，更好地为学校预科教育服务；其次，学校就业部门应针对预科学生创建大规模的人才供求平台或人才储备库，向其提供更多就业信息，拓宽就业渠道。

三、少数民族预科学生教育管理的创新点

（一）结合“一带一路”倡议

古代丝绸之路为我国发展成为统一的多民族国家奠定了基础，可以说丝绸之路具有极其重要的历史地位。然而迄今为止，少数民族整体发展水平仍处于较低梯度。鉴于此，国家大力推行的有利于少数民族发展的教育政策与制度应该进一步落实和完善，少数民族预科教育也应紧跟国家“一带一路”倡议，成为实现少数民族人才梯次开发的主要阵地。

一方面，坚持预科教育的民族性。我国少数民族发展的特点，造成今天少数民族地区全面落后于全国大多数地区，培养少数民族学生正确的民族意识与观念，增强民族自尊心和自信心，是预科培养学校在管理方式、课程设置、教学和评价方式、思想品德教育等方面首先考虑的问题。

另一方面，预科教育要有超越性。国家“西部大开发”的号角声还在耳畔围绕，“一带一路”倡议又掀起新一波西部建设的浪潮。在西部经济建设中，如何为西部开发与建设培养有用之才始终是民族预科教育考虑的重点问题，人才结构要超前地与经济发展相匹配，而不应该是需要人才的时候再考虑培养，造成人才断层。

（二）引入“互联网＋”环境

“互联网＋”的本质是利用信息技术手段和互联网络环境，将互联网运用于各行各业中，优化配置各行各业资源，最终在不同领域创造出新生态。

在“互联网＋”环境下，少数民族预科学生的教育管理，应始终坚持以育人为核心，以服务为宗旨，加强学生与学生、学生与教师、学生与社会的相互联系，并搭建良好的网络教学平台，以教育为主线，拓展线上线下双线教育模式。教师应注意教学角色的转变，加强时代感，坚持“以学习者为中心”的教育理念，既要考虑到少数民族预科学生接受知识的传统定式，也要尝试新的教学模式，应不断完善网络知识，以实现教学效果最优化。学生应学会利用网络资源查询和检索知识、整合知识，构建自身知识体系，完成知识内化。此外，学生还应不断提升自制力与判断力，汲取有用信息，过滤不良或有害信息，正确认识网络“双刃剑”的作用，提升自身对不良信息的抵制能力。

四、结论

加强少数民族预科学生的教育与管理对于国家稳定、民族团结、西部人才开发具有极其重要的现实意义，既可以为少数民族培养更多优秀人才，又可以促进教育管理目标的真正实现。少数民族预科教育事业是一项系统的工程，需要长期坚持，需要不断创新，只有掌握正确的方法和理念，举起创新大旗，才能不断推动少数民族预科学生教育管理工作继续深入开展。

参考文献

[1] 吾普尔．浅谈新疆少数民族预科学生的教育与管理［J］．知识经济，2017（9）．

[2] 郭彦青，吕文雁．浅谈“互联网+”时代下的少数民族预科教育［J］．现代交际，2016（4）．

[3] 冯瑞建．构建新型纽带：浅谈民族预科教育的创新与发展［J］．视野问学，2015（3）．

[4] 程安垣，卜爱华．论新形势下民族预科教育亟待解决的几个问题［J］．民族高等教育研究，2017（1）．

“双一流”背景下地方高校人才培养机制转型研究*

陈海沐**

【摘　要】本文围绕“双一流”背景，结合对地方高校人才培养问题的剖析与把握，从人才培养机制转型的视角，针对培养目标、教学机制、协同运作机制、评价机制等几个方面进行解读，以期在新时代的发展中促进地方高校与一流院校的同频共振，更好地落实立德树人的根本任务。

【关键词】双一流地方高校培养机制转型

一、引言

我国高校从1999年开始实施扩大招生人数的教育改革政策。扩招政策实施以来，提升了高等教育入学率，提高了国民素质，在人口特别多的现实情况下，接受高等教育推迟了就业年龄，一定程度上缓解了就业压力，同时也促进了教育产业的繁荣，拉动了内需，对人才培养和经济发展起到了一定的积极作用。但大学扩招的同时，高等教育也暴露出培养模式单一、创新教育不足、办学定位不够清晰、学科专业设置与经济社会发展不相适应、国际化进程滞后等一系列问题。面对经济社会发展需求的重大变化、宏观政策导向的重大调整及高等教育发展阶段的重大转换，推进高等教育发展方式转型已经成为一项战略性任务。这一转型，不仅是外在形态的改变，也不仅是部分高校或人才培养模式的局部改革，而是结构与制度的深度变革与重塑。

2017年9月，中共中央办公厅、国务院办公厅印发了《关于深化教育体制机制改革的意见》（以下简称《意见》），这是自《国家中长期教育改革和发展规划纲要（2010—2020年）》颁布之后，国家关于教育改革发展的又一重量级文件。《意见》重点提出要全面深化教育体制机制改革，解决新时期我国教育发展中亟待解决的热点难点问题，着力破解体制僵化、机制不活、制度缺失、政策不

---

* 本文由2017年首都经济贸易大学教育教学改革立项项目“‘双一流’战略下地方高校本科人才培养模式的改革与探索”（主持人陈海沐）和2017年首都经济贸易大学高等教育研究项目“‘双一流’背景下财经类院校人才培养机制改革——基于内涵式发展理念”资助。

** 作者简介：首都经济贸易大学教务处。

协调等深层次的矛盾和问题，进一步聚焦到"育人方式改革"这一人才培养的核心问题上来。在有关高等教育人才培养的条文中，特别突出强调要创新人才培养机制，为地方高校人才培养工作指明了方向。

二、"双一流"建设背景带来的机遇与挑战

2015 年 10 月，国务院颁布《统筹推进世界一流大学和一流学科建设总体方案》；2017 年 1 月，教育部、财政部、国家发展改革委制定了《统筹推进世界一流大学和一流学科建设实施办法（暂行）》；2017 年 9 月，世界一流大学和一流学科（简称"双一流"）建设高校及建设学科名单得以公布，"双一流"建设成为继"211 工程"和"985 工程"之后，又一个备受关注的高等教育发展战略。

从高等院校的构成来看，地方高校的数量和就学人数占全国总数的 90% 以上，已经成为我国高等教育的主体部分，下好"双一流"建设这盘大棋，要地方高校同频共振。"双一流"建设坚持问题导向，打破身份壁垒，鼓励公平竞争，为地方高校跨越发展提供了前所未有的良好契机。

当然，"双一流"建设的根本出发点并不仅仅是建设一流学校和一流学科，其终极目标在于推进高等教育内涵式发展，继而实现教育质量的整体提升，建设高等教育强国。因此，要推进我国高等教育的全面发展，除了创设一流的学校与学科，更要发挥地方高水平大学的示范作用，弥补高等教育发展短板，构建一个协调、健康、多层次、多类型的高等教育发展体系。

地方高校在不同程度上受身份固化及教育发展不均衡的影响，在师资、生源、历史、财政支持上存在局限和不足，"双一流"建设时期，如何避免"马太效应"，推动人才培养机制转型、升级，实现自身整体创新发展、重大突破，成为地方高校面临的一个重大课题。

三、地方高校人才培养体系面临的问题

相对于部属高校而言，地方高校若要跻身"一流"行列，还面临着诸多棘手的难题。

（一）标签效应影响周期较长

对于高校建设，国家实施的"985 工程""211 工程"，使强的高校更强，弱势的地方高校被忽略，使得人们把高校分成三六九等，并戴着有色眼镜来看待地方高校。实施"985 工程""211 工程"，是要在我国教育资源有限的情况下给予部分学校更多的支持，而地方高校在资金和政策支持等方面都较弱，生源质量、师资队伍、财政支持等各方面的影响都将在不同程度上持续下去。

（二）盲目效仿，迷失本真

地理位置、综合实力等的差异，使得教育资源分配也存在一定区别，地区差异性也很大。地方高校处于劣势，获得教育资源少、科研经费少、支持力度小，以致质量不高、承载教育人数最多的普通地方高校的办学积极性严重受挫。部分地方高校在从众心理驱使下，急于迎合国家意志与社会市场需求，忽略自身办学特色，盲目效仿研究型大学或综合型大学，最终导致千校一面，严重影响了办学多样性。

（三）竞争愈演愈烈，受困于“马太效应”

“双一流”建设的“马太效应”加剧了区域间高等教育发展的不平衡。“双一流”名单上的中央部属高校，坐拥优势资源，会进一步挤占地方高校的发展空间；“双一流”战略的实施，将进一步加大地方高校与一流大学的差距，二者之间的教育资源与办学实力的差距更加凸显，“双一流”名单上的高校和地方高校办学实力分布趋于强者更强，弱者更弱。

（四）学校自身存在诸多不足

从办学条件看，地方高校师资规模、高层次人才数量、经费投入、平台保障和硬件设施等无法满足建设高水平大学的内在需求。从人才培养看，拔尖创新人才培养机制尚不够健全，部分本科专业满意度不够高，生源质量不够好。从学科建设看，学科数量偏少，位次偏后，缺乏一流顶尖学科，支撑引领创新驱动、转型升级、文化传承创新的能力亟待加强。从服务能力看，科研核心竞争力优势欠缺，解决国家重大战略需求和科学前沿问题的原创性、标志性科研成果贡献率较低。总之，与建设世界一流大学、一流学科的目标要求相比，地方高校自身还存在很大差距。

四、地方高校人才培养机制改革的对策

从社会学角度讲，机制是以一定的运作方式把事物的各个部分联系起来，使它们协调运行而发挥作用的。转型是以教育结构体系的重构为航标的大学的结构性发展，是学校个体对自我发展的认知与高等教育系统的结构化双向互动的过程，具有社会性、集体性、协调性的结构目标和价值追求。人才培养机制本质上是人才培养体系的内在联系、功能及运行原理，是影响培养质量的核心问题。

根据公开数据，2015 年我国高等教育毛入学率已达到 40%，2016 年高校毕业生达 765 万，就业压力较大；作为我国高等教育主体部分的地方高校，更是背负着巨大的压力。面临来自“双一流”和就业的双重严峻形势，如何优化高等教育结构、实现其主体——地方高校——人才培养机制的转型，提高人才培养质量，提升人才对经济社会需求变化的适应度和符合度，就成为高等教育人才培养

机制改革的当务之急。当今高等教育的转型，是科学明确高校的目标定位，重塑人才培养体系，优化人才培养结构，从而实现高等教育结构优化与大学功能分化的有机协同。

（一）明确错位发展、凸显特色的目标体系

人才培养目标反映了高校人才培养定位，决定了人才培养的出发点和归宿，应立足学校专业特色和学科优势，把创新创业教育贯穿于人才培养全过程，体现社会适应性和特色；依据学生学历层次和专业特点，分层分类，差异化构建人才培养目标，体现多元。可借鉴企业管理中的蓝海战略思想，在优势、特色上下功夫：既要与国内一流大学错位，避免盲从追风，也要与同类高校错位，避免同质化发展倾向；既要立地——夯实基础，切实立足于学生成长和发展的需求，又要顶天——志存高远，从本土经济社会需求和文化传统着手，经过一定时期的韬光养晦，逐渐形成自身鲜明的办学特色，与全球化接轨，向高标准看齐，争创一流。

（二）打造分化—协同的多样化教学机制

坚持以学生为本，有效整合教育资源，将学生个性化需求与培养目标、培养特色有机结合，提供更多的自主建构机会，为创新型、复合型、国际化、应用型等不同人才的需求打造多样化人才培养模式；鼓励创新创业教育，优化课程结构体系，引导教师和学生转变教学与学习方式，优化以学生为主体、教师为主导的双向反馈通道；通过实训模拟、实验仿真、实战训练等实践教学活动，推进从知识、技能到能力的转化，实现实践能力向创新能力的提升。

（三）形成多主体、多维度的协同运作机制

通过调动多主体——教师、学生——的积极性，结合多维度——课上课下、校内校外——教学资源的整合，创建协同运作机制，优化教学管理制度。

1. 再造管理流程，激发教师、学生的主动性和积极性

整合资源，搭建教师发展平台，释放教师潜能，追求卓越教学，充分发挥教师在人才培养中的主体作用；鼓励教师参与教学，改进教师聘任制度，出台教学奖励制度，充分调动教师参与教学工作的积极性，激发一线教师的教学热情和教学活力；将德育教育、创新创业教育落实到人才培养方案中，促进学生德、智、体、美全面发展。

2. 实现课内、课外的有效链接，提升课堂教学效果

充分利用教育技术和资源，搭建线上 + 线下学习平台，实现课堂教学的有效延伸；加强教师对大学生科研创新项目及学科竞赛的指导力度，提高学生的科研能力和创新能力，促进创新思维与社会实践相结合。

3. 创建产教融合、校企合作育人的协作机制，提高人才培养质量

通过政府、行业协会、企业及高校通力协调配合，优化人才培养体系：政府

制定促进校企合作的政策；企业根据生产和管理工作的实际经验把握应用型人才的实践能力需求，参与人才培养目标、专业定位、课程设置等教学决策，共同实施人才培养方案；地方高校承担基本人才培养、科学研究和社会服务的职能，学校的办学理念、发展规划、师资队伍、教学设施等要紧跟社会发展的需要，做好匹配保障。

（四）优化开放、多元的质量评价机制

建立“以能力本位为中心的”学生考核评价标准，形成学生、外请专家、校领导、职能部门领导等多元参与评价体系；结合毕业生跟踪调查，建立促进学生身心健康、全面发展的长效机制；加大能力考核和第二课堂考核在学业评价中的权重，构建结合课堂教学和实践创新能力评价的学业评价体系。

地方高校是我国高等教育的主体部分，“双一流”为高等教育未来的发展制定了路线图，也为地方高校努力实现跨越式发展提供了良好的契机。冲击“一流”，绝非一朝一夕之功，面对“双一流”战略带来的机遇与挑战，地方高校应主动作为，立意高远，韬光养晦，伺机而动，构建理性规划、充满活力、富有效率、更加开放、有利于科学发展的体制机制，从而在新一轮“双一流”建设中把握先机，占据有利位置。

参考文献

［1］王永生．地方高校建设“双一流”大有可为［J］．中国高等教育，2016（Z3）：38－40.

［2］光明网．地方大学在“双一流”建设中应主动作为［EB/OL］．（2016－03－07）．［2017－04－06］http：//epaper. gmw. cn/gmrb/html/2016－03/07/nw. D110000gmrb_ 20160307_ 3－08. htm? div＝－1.

［3］钟秉材．一流本科教育是“双一流”建设的核心任务和重要基础［J］. 中国高等教育，2017（19）：16－17.

［4］袁振国．培养人才始终是大学的第一使命：大学变革的历史轨迹与启示之一［J］. 中国高等教育，2016（Z2）：57－60.

［5］蔡宗模，吴朝平，杨慷慨．全球化视野下的“双一流”战略与地方院校的抉择［J］. 重庆高教研究，2016（1）：24－32.

［6］刘国瑞，高树仁．高等教育转型的结构：制度整合模式［J］．教育研究，2017，38（5）：50－54.

论高校教育对学生公民意识培育的途径

张智鑫*

【摘　要】太上有立德，其次有立功，其次有立言。高校立身之本，在于立德树人。学生的公民意识培育，是高校立德树人使命的重要工作内容之一。高校教育作为正式的、有效的和系统的培养学生公民意识的渠道，其作用不容小觑。高校对学生公民意识塑造的作用，大致可以分为五个层面：学校制度规范，学生的学习参与，相关思想政治教学课程及干预手段，院校活动和同伴影响，师生互动和课外道德辅导。

【关键词】高校教育；公民意识；培育途径

一、引言

2016年12月，习近平在全国高校思想政治会议上发表讲话，强调高校思想政治工作关系到高校培养什么样的人、如何培养人以及为谁培养人这个根本问题。“青年兴则国家兴，青年强则国家强”，高校应当坚持将立德树人作为培育人才的核心环节，将思想政治工作贯穿教育教学全过程，而学生公民意识的培育和塑造，作为学生思想政治工作的基础核心内容，更应当得到重视。高校的青年学生具有思想解放、思维活跃、反应灵敏和容易受到外来的新变化诱惑的特征。大学时期，学生的思想观念也处于最后的形成阶段，其价值观、人生观、世界观均有较大的可塑性，是接受公民意识教育和加强自身修养的关键时期。公民意识是指公民的权利与义务关系，反映公民对待个人与国家、个人与社会、个人与他人之间的道德观念、价值取向、行为规范等，它强调的是人在社会生活中的责任意识、公德意识、民主意识等基本道德意识，是价值观发展成熟的重要表现。因此，不断塑造和提升学生的公民意识对学生而言具有重要的意义。可见，学生在校期间的公民意识塑造，成为高等学校教育的重要使命。

二、高校教育对学生公民意识培育的途径

高校学生不仅处于广泛的社会环境中，还置身于学校这一中观环境，学校是

* 作者简介：首都经济贸易大学教务处。

传播主导思想理念的场所。正如苏联著名教育学家苏霍姆林斯基所言，“学校的使命是培养一代又一代的新公民，把社会的、道德的、审美的财富传给他们”。

第一，制度本身是一种隐性的德育机制，为学生提供了良好的环境基础和公民教育资源。制度具有三个主要功能：一是引导功能，提供行为和目的的信息；二是规制功能，规制公民的行为边界；三是激励功能，制度借助褒奖或惩罚的力量监督执行。从整个社会的角度而言，社会制度的建立和完善对公民意识的塑造具有显著的影响，公民的培育和发展离不开上层建筑的充分认同和制度保障。将公民具体权利的形式加以规范和巩固，将其融入或者上升为主流意识形态，是培育和提升社会成员公民意识的有效途径。从学校视角而言，学校的教育制度规定着学校如何运行，是学校活动的指导方针，也是与学生接触面最广泛的制度。公平与公正的学校制度会对学生的公民意识塑造产生影响。帕特丽夏·怀特（1998）曾指出，在良好的学校制度中，“学生能够成为有着适当的自爱，知道怎样、在什么时候信赖和不信赖，以及信赖和不信赖的是谁，能够体验到友谊的巨大快乐的满怀希望、自信、勇敢、诚实和自尊的公民”。学生在学校的各种规章制度的规范下进行各项学习和生活，学校的制度生活因而成为学生公民意识教育的重要平台。班级作为学校的基本组织单位，在制度的制定和执行过程中，可以培养学生的规则意识、自主与公共参与意识以及强化学生的权利和义务对等意识。

第二，学生的学业参与行为也会影响学生公民意识的塑造。对于在校学生而言，学业参与仍是第一要务，学生在学业参与中的自主性表现和规则性表现，都会潜移默化地影响到其公民意识的形成。自主性学业参与程度较高的学生，自主与自控能力较强，公民意识塑造的自觉性也较高；规则性学业参与程度较高的学生，自律与自觉能力较强，拥有良好的学术规范和学术道德，能在实际学业参与行为中逐步培养自我公民意识。良好的学业参与习惯有助于公民意识的培养，学生在课堂中养成独立思考、主动探究、分工合作、自主学习的良好习惯，有利于学生不断提升自主意识、独立意识、权利意识，形成自觉的怀疑和批判精神，很好地融入社会。

第三，高校相关的价值观课程是实施公民意识教育的主要阵地。公民意识塑造的社会性、实践性再强，都不可以忽略课堂教学这一主要途径。价值观教育课程是以理论知识灌输为主，辅之以讲座类课程帮助吸收、消化和使用相关的理论知识。博尼维茨（Bonewits，2002）研究发现，学习职业道德教育过程可以使学生的道德价值观成熟得更为明显。麦克尼尔（McNeel，1997）等人追踪调查发现，将道德伦理教育融入本科生的课程体系当中，可以有效地提高学生核心价值观的认知。我国高校一般通过设置“思想道德修养与法律基础”“马克思主义基本原理”“中国现代史纲要”“毛泽东思想与中国特色社会主义理论体系概论”等政治课程对本科生进行思想政治品德教育，除此之外，每学期还会开设“形势与政策”讲座课程，结合当前的热点政治问题与学生进行讨论。高校开设的这些价值观教育理论课程对学生的公民意识塑造起到了一定的促进作用，但是长久以来也产生了一定的局限性，如有研究指出，当前思想政治教育存在教学内容与大学生实践严重脱节的问题。周光礼、吕催芳（2011）在公民意识的实证研究中指出，高校的思想政治课程未能在学生的公民教育中发挥出主渠道的作用，在大多数学生心目中政治课程仅仅是一门副课，他们不会给予足够的重视。另外，这些课程尽管设立了培养社会主义公民的目标，但是，由于没有深入探究公民意识教育，依然存在着定位笼统、理念粗糙的缺陷，缺乏吸引力和实效性。

第四，同伴互动和社团活动是学生公民意识培育的基本路径。大学生正处于渴望与同伴交流、渴求别人理解自己的心理发展时期，与同学之间良好的互动关系，会让他们有安全感和归属感，使他们心情舒畅、性格开朗，从而养成良好的个性品质。雷斯特（Rest，1991）等人研究发现，在学生的道德认知的发展过程中，高校的课外活动对其产生了显著的影响作用。参与社团活动会提升学生的公民意识，学生在与同伴的互动和交流中会逐步形成良好的公民意识。高校社团活动以兴趣培养为基础，以实践为本质，在培养大学生公民意识方面具有重要的引导、激励与提升的作用，会不断提升社团成员的主体参与意识、权利与义务意识、平等和公正意识、道德与文明意识、科学理性意识等。

第五，师生课堂互动以及课外思想教育辅导是学生公民意识培育的重要路径。公民意识的强化与成熟的教师互动有着密切的关联，大学教师的治学态度、对社会现实和理想的思考以及对社会变迁问题的理解都影响着学生公民意识的塑造。张英英（2008）深入北京、杭州等地 12 所不同层次的学校，调查教师的课堂行为对学生公民权利意识形成产生的影响，结果表明，教师课堂行为的倾向性态度对学生的公民权利意识养成的影响最大。王振国（2010）结合自身一线辅导员的工作经验，从辅导员的教育管理入手，特别关注学生公民意识培育和公民素养行为表现的一致性，避免学生出现“知行脱节”。

三、政策性建议

结合上述高校培育学生公民意识路径的分析，本文相应提出以下政策性建议：

第一，重视学校制度对学生公民意识的影响，完善学校的各项制度。完善的学校制度有利于营造对学生进行公民意识培育的良好环境。贫困认定制度对贫困生的公民意识塑造产生了深刻的影响，高校中的其他制度亦然。学校要想为学生的公民意识培育营造一个良好的环境，首先要将培养现代社会所需的合格公民作为己任，在实践中要尊重学生的教育主体地位，重视学生的个性协调发展，并将这些内容以制度的形式确立下来。学校在制定和完善各项制度的时候，应当遵循法治原则、自主原则、权利义务平等原则、学生参与原则、公平公正原则等。在落实的过程中，要严格执行“奖惩规定”，强化学生的责任意识；坚持具体问题具体分析，让学生切实感受到“公正的制度规范”。只有学校制度在宏观层面上实现合理化和规范化，才会对学生的个人行为和价值取向起到积极的示范作用。

第二，完善学校对学生公民意识塑造的全方位培育路径。在提升学生公民意识的过程中，必须坚持“以人为本”的教育理念，采用多种途径合力育人。思想政治教育课程和教育活动，作为教育主阵地，其设置应更多地体现出公民意识培育的要求，通过加强师资队伍建设、改进教学方式、强化实践教学等途径提高高校思想政治理论课程教学的效果。高校辅导员，作为最主要的学生思想工作者，应当提高自身专业素养，加强与学生的沟通交流，了解学生的需求，密切关注学生思想意识的动态。高校应重视学生日常良好学业行为和习惯的养成，将公民意识培育与学生具体实践相结合；重视校园文化和校园风气对学生公民意识造成的隐性影响，完善校园的基础物质建设、精神环境建设和文化氛围建设。在校园环境中，同伴团体对学生的公民意识塑造有显著的影响作用，学生在进行自我教育的过程中，应加强与同伴间的相互监督和相互教育。高校应完善学生社团组织建设，鼓励学生积极参与社团组织，在社会性参与的活动中提前了解社会，间接提升对公民基本责任和义务等意识的认知。

第三，建立社会、家庭和学校三位一体的教育网络。除了学校教育和学校环境的影响之外，社会教育、家庭教育等教育平台也共同承载着学生公民意识提升的任务。因此，学生公民意识的塑造和提升，应当充分整合可用的途径，在发挥制度塑造人、培育人作用的基础上，建立社会、家庭和学校三位一体的教育网络，联合多种途径全方位提升学生的公民素养。

参考文献

[1] 苏霍姆林斯基．关于全面发展教育的问题［M］．长沙：湖南教育出版社，1984.

[2] 潘志强．数学课堂中学生合作学习习惯的养成：浅议学生公民意识中社会合作意识的培养［J］．考试周刊，2016（11）：56－56.

[3] 阳智明，陈延斌．当前大学生价值观的特征分析与教育建议［J］．中国青年研究，2006（9）：52－54.

[4] 周光礼，吕催芳．中国大学与政治社会化：公民意识教育的实证研究

[J]. 高等教育研究, 2011 (8): 68-78.

[5] 沈研. 学校公民素养教育研究 [D]. 上海: 上海师范大学, 2012.

[6] 马新建. 当代大学生的人际交往 [J]. 中国青年研究, 2002 (5): 29-32.

[7] 胡涛. 高校社团对大学生公民意识养成的影响研究: 基于自组织理论的视角 [D]. 重庆: 西南大学, 2014.

[8] 鲍威. 未完成的转型 [M]. 北京: 教育科学出版社, 2014.

[9] 张英英. 教师课堂行为对学生公民权利意识形成的影响研究 [J]. 哈尔滨学院学报, 2008, 29 (8): 130-133.

[10] 王振国. 论学校在公民意识培养中存在的问题及对策 [J]. 河南工业大学学报: 社会科学版, 2005, 1 (3): 68-70.

[11] McNeel S. College teaching and student moral development [J]. Biological Trace Element Research, 1994, 31 (2): 27-49.

[12] McNeel S, Schaffer M, Juarez M. Growth in moral judgment among baccalaureate nursing students [J]. Research on Christian Higher Education, 1997 (4): 29-45.

[13] Rest J, Narvaez D. Thecollege experience and moral development [G] // Kurtines W, Gewirtz J. Handbook of moral behavior and development. Hillsdale, NJ: Lawrence Erlbaum Press, 1991: 229-245.

大学英语模块教学模式与创新创业教育培养

张春玲*

【摘　要】英语创新创业教育的核心思想是给常规的英语知识和技能学习赋予创新教育的因素。模块教学法是主要手段。本课题的研究把大学英语按内容和要求分成不同的教学模块，以学生的不同需求为基础进行课程设置，选取不同的教材和教学手段，采用科学的评价方式，强调个性化教学与自主学习能力，以学生为中心，因材施教，充分调动学生的学习主动性和积极性，其目的在于提高学生的英语综合应用能力和自主学习能力。

【关键词】创新创业教育；大学英语；模块教学

英语知识和英语技能的学习直接构成英语教学的基本活动，是实现创新创业教育的载体。将常规的知识和技能教学赋予创新学习的内容不仅能提高学生学习和运用英语的能力，而且能在他们身上培植出创新思维、创新精神、创新意识、创新人格和创新能力。要培养学生求实的科学态度和严密的逻辑思维，提高学生自主学习和分析问题、解决问题的能力，客观公正地反映学习效果和教学质量，必须完善现有教学模式。本研究顺应趋势，对大学生创新创业教育模式做出了新的探索，即在大学英语教学中通过模块教学，搭建大学生创新创业训练计划实践平台，合理调整课程教学内容，完善教学环节评价方式，提高学生的创新创业能力。

一、创新创业教育的现状

（一）创新创业教育的发展与定义

创新与创业教育萌发于美国，在20世纪80年代末，联合国教科文组织首次提出创业教育这一新的教育理念。高校创新创业教育可以定义为：以培养大学生创新意识、创新人格、创新精神、创新思维，培养创新人才为目的的素质教育，它同时也是一种培养学生从事工商企业活动的综合技能的实用型教育，使学生从单纯的谋职者变成职业岗位的创造者以及创业者。关注创新与创业教育，已经成

* 作者简介：首都经济贸易大学外国语学院，副教授。

为世界上很多高校的教育目标。

创新创业教育要面向全体学生开展，并且融入人才培养的全过程。需要从学生入校到毕业、从专业教育到素质教育、从理论学习到实践训练、从第一课堂到第二课堂等诸方面，全方位、立体化地融入创新创业教育理念。着重培养具有独立思考能力、创新创业能力、社会担当能力，真正具有国际竞争力的创新创业人才。

（二）高校创新创业教育存在的问题

第一，大学英语教学体系、课程结构及课程设置还不能完全满足学生的实际需求。社会对外语能力的需要已呈现多元化、专业化趋势。然而现阶段大学英语课程体系存在需求分析较少、分级考试效度不高、课程设置整体性不好以及课程效果不佳等各种实际问题。

第二，教学目标定位模糊，还是在原有大学英语1～4级框架里开展教学。大学英语综合课和听、说、读、写选修课，以及大学英语教材都以应试教育为主，课堂教学重视语言输入（input），忽略了学生的语言输出（output），这种方法不能充分调动学生参与教学活动的积极性，课堂气氛沉闷，教学效果差。此外，大学英语教材的实用性不够强，仍属于“打基础”的性质，与学习者所学专业或以后工作相关度不大。内容不断重复而产生的厌倦心理，使大学生对大学英语教学普遍不满。

第三，目前开展创新创业教育意识和能力欠缺，教学方式方法单一，针对性不强，创新创业理念滞后，与专业教育结合不紧密，与实践脱节，缺少创新实践平台指导，帮扶不到位等问题仍然存在。大学英语教学的定位、需求分析、课程设计、课堂教学、评估方面也存在许多随意性和盲目性，缺乏科学方法的指导。因此，我国的大学英语教学已不能适应形势需要，亟须进行根本性的变革，以便更好地满足学生的需求，满足社会的需求。

二、创新创业教育与英语教学融合的必要性

（一）增强学生自主学习能力，提高综合文化素质

创新创业教育是一种实践型教育，以创造性思维和自主探究能力培养为核心，注重思辨能力和独立人格的养成。英语教学中融入创新创业的理念，能够为学生增加语言实践机会，激发他们的求知欲和自主学习动机，通过交互式、体验式、探究式等教学模式为学生提供语言输出和迁徙的良机，实现对知识从表层学习到深入探究的转变；使学生在实践中不断探究，提高自主学习成效。大学英语课程教学一般集中在大学一、二年级进行，此时正是学生世界观、人生观和价值观形成的关键期。在教育部颁布的大学英语课程教学要求中提出大学英语的教学

目标是培养学生英语综合应用能力，特别是听说能力，使他们在今后工作和社会交往中能用英语有效地进行口头和书面信息交流，同时增强其自主学习能力，提高其综合文化素质，以适应我国经济发展和国际交流的需要。

（二）促进教学理念创新

与时俱进的教学理念，不但能够引领教师更科学地制定教学内容，采用更科学的教学方式，还可以为教学实践提供正确的行动准则。创新教育以开放的眼光建立开放的模式，以达到培养学生自主性、独立性、能动性和创造性为目的，着重培养、提高学生的交际能力、语言能力和综合运用能力；遵循语言实践性这一规律，采用启发式、讨论式、研讨式等教学方法，培养学生的听、说、读、写能力，使各种能力均衡发展。由此带来教材、教学方法、课堂气氛、教学效果以及课堂教学与社会关系等一系列革新。

（三）促进教材内容创新

大学英语教学在创业教育中可以发挥独有的作用。改革开放以来，尽管大学英语教材内容及课程设置经过了几次大的调整，也取得了一定的成效，但教材内容及课程设置远远不能适应改革开放的需要，突出表现在课文编排上重人文轻科技，重一般性文化知识而轻经济、法律等实用性知识。因此，要跟随时代发展的潮流，拓宽教材内容的广度，以学科知识为核心，使用真实的语言材料，学习新信息，课程设置必须符合不同学生群体的需要。

（四）促进课堂教学模式的创新

英语是一个民族走向开放，参与国际交流与竞争的必备工具，这一性质决定了外语教育天然地带有开放性和实践性，也决定了其教学策略必须具有开放性和实践性。因此，应把创业教育融入英语教学之中，摆脱传统、封闭、单一的教学模式，注重学生个体能力的发展。引导学生认清掌握语言学习的规律和正确的学习方法比语言点的传授更为重要。教师要不断提高自身的个人素质，对学生做好示范引导作用；根据时代的发展要求，掌握先进的科学技术和正确的教学方法。学生在学习的过程中应注重培养自身的实践操作能力，发扬创新精神，适当地参加一些英语交流活动，在与人进行交流的过程中，不断提高自己的英语交际能力，将英语真正运用到自己的日常生活中，真正实现英语的学习价值。

（五）促进课堂教学评价的创新

教学观念的转变，决定了其评价体系和质量目标必须进行相应的调整。应建立动态考核系统。以评价为切入点，从实践出发，构建全面、科学的创新教育评价体系，引导考试由目前注重考查知识的记忆和传承向注重考查创新素质的形成转变，促进教育管理和教学等各个层面与创新人才培养的要求相适应。以学生的语言技能和水平为依据，以学科内容掌握为依据，通过情景教学模式，即通过创建具体的场景模式，让学生在真实的语言环境中实践已经学到的语言知识，从而让学生更好地理解和运用所学语言。创新教育的核心是培养创新能力，创新教育的评价内容和评价指标必须体现实践性思想。

三、以内容为依托的大学英语课程体系的重构

（一）以内容为依托的模块化大学英语课程体系

张丽（2012）认为，模块教学就是围绕一个能力和素质的教育专题，在教法上强调知能一体，在学法上强调知行一致，集中开展相关的理论知识、实践经验、操作技能以及活动方式、方法、方案的同步式一体化的教与学，以实现具体能力和素质的培养目标的教学模式。

以内容为依托的大学英语模块教学就是“将语言教学建基于某个学科或某种主题内容教学之上，把语言学习与学科知识学习结合起来，在提高学生学科知识水平和认知能力的同时，促进其语言能力的发展”（袁平华，2006）。利弗（Leaver）和斯特赖克（Stryker）认为，它是一种真正意义上、全面的外语观，并指出这种依托式教学有四个特征：①以内容为核心；②使用真实的语言材料；③学习新信息；④课程设置必须符合不同学生群体的需要。实现以内容为依托的语言教学，需要考虑不同水平不同阶段的学生接受知识传授上的差异性。大学英语模块课程具有明显的能启发、激活和构成创新思维的功能，能促进学生英语技能和创新思维品质的同步发展，促进教师的教育方式向着创新性教育方式发展，形成有利于创新教育的环境。

在“依托学科内容进行外语教学”的理念指导下，我校为满足学生考研、就业和学习专业或科技英语的兴趣，提高学生大学英语综合应用能力，在大学英语第三、四学期为学生提供文学文化类、语言技能类和专门用途英语课程等以内容为依托的必修课程。针对大学英语教学特点，为学生提供了不同学习阶段可采用的不同模块，学生可以根据自己的英语水平和学习兴趣选择模块，充分发挥自己的潜能。学生将在运用英语的过程中学会英语和提升自己思维的流畅性、变通性和独创性。提高学生运用英语的技能和创新思维能力是英语创新教学模块最基本也是最重要的功能。学生在训练创新思维能力的同时发展了英语技能，或者在训练英语技能的同时发展了创新思维能力。无论是英语知识学习的模块，还是英语技能学习的模块，都须包含学科能力目标和创新能力目标。

通过以上实践，笔者认为应根据我校学科特点，设置以通用英语为基础，以通识教育英语为途径，以学术英语为主要发展方向的多元化大学英语课程模式。在教学条件许可的情况下整合教学内容，使英语教学更加细化。例如，可设置管理学英语、经贸英语、商务英语、会计英语等，通过英语分科，使学生的学习目

的更加明确，使英语学习能够与其他学科充分结合起来，进而形成系统的学习，让英语成为其他学科学习的工具，为专业学习打下坚实的语言基础。

（二）以内容为依托的模块化大学英语课程体系的重构及其优势

蔡基刚（2012）认为，大学英语教学应依托学生的专业所学，倡导基于学科或与专业相关的课程，结合专业传授英语交流技能。刘润清（1996）认为，将来的英语学习越来越多地与某一方面的专业知识或某一个学科结合起来。模块教学将英语教学与学科内容结合起来，使学生能进行有意义的交际活动，从而有效地提高学习者的语言能力。在对大学英语课程体系进行重构的过程中，“独立自主”是最大的特点。首先，用学科内容来完全替代语言，并让学习的焦点集中到学生身上，这样的教学环境，可有效降低学生在语言学习中出现的焦虑感。其次，大学英语教学建立在专业知识学习基础上，同时以带动学生学习兴趣为主要方向，这就使学生的积极性和主动性均得到了提升。此外，基于专业教学内容，大学英语与专业知识形成了一体学习系统，不仅有助于学生对专业知识的理解，同时还可能大大提高学生对语言信息输入的理解，一举两得。

四、结论

把创业教育融于大学英语模块教学之中，学生将有更多的自主权和自由支配的学习时间，他们不再处于被动地位，而是通过主动的探索分析、归纳，选择自己所需的知识。这种教学方式加强了教学与市场的联系，缩短了学校教学与企业生产的距离；摆脱了应试教育的束缚，重视能力的培养，能够调动学生学习的积极性，充分体现学生学习的主体地位；更为重要的是与学生的实践训练相结合，使他们真正具有创业能力，能够把握机会，善于组织，敢于创业，善于创业。

参考文献

[1] 蔡基刚.ESP与我国大学英语教学发展方向［J］.外语界，2004：22－28.

[2] 蔡坚.第二语言习得与CBI教学模式的研究［J］.北京第二外国语学院学报，2002（3）.

[3] 何飞.将创新创业教育融入大学英语教学中的探析［J］.教书育人：高教论坛，2015，12（36）：90－92.

[4] 李楠楠.创新创业教育背景下的大学英语自主学习［J］.内蒙古师范大学学报：教育科学版，2017，30（1）：133－136.

[5] 刘琳.大学英语课程体系设置的重构分析［J］.课程教育研究，2014，7（20）：141－142.

[6] 闵玲．谈高校外语教学与创新教育 [J]．中国校外教育：理论，2007 (9)：28.

[7] 東定芳，陈素燕．宁波诺丁汉大学英语教学的成功经验对我国大学英语教学改革的启发 [J]．外语界，2009.

[8] 王国美．大学英语教学中开展创业教育的思考 [J]．重庆科技学院学报：社会科学版，2011 (2)：201-202.

[9] 杨桂兰．基于教学内容下大学英语课程体系设置的重构 [J]．英语广场：学术研究，2014 (5).

法律英语课堂教学模式的创新研究*

魏庆坡**

【摘　要】法治人才是实现依法治国的基础，法学教育是实现依法治国的重要保障。在“双一流”建设背景下，法律英语课程成为特色化法治人才培养的重要抓手。囿于统一教学大纲的缺失，法律英语课堂教学一直存在僵化单一，学生参与度不够的问题，进而影响了整体教学效果。基于法律英语课程特点，结合教学实践，本文提出要创新课堂教学模式，丰富教学内容，改革教学条件，通过阅读、听力、写作等模块强化训练，让学生深度参与课堂教学，提升法律英语课堂教学效果。

【关键词】法律英语；课堂教学；ESP；教学模式

一、引言

当前，我国已经迈入中国特色社会主义新时代，法学教育不仅要关注学生专业能力的提升，更应注重创新型法治人才培养，这关乎依法治国的实现，也关乎我国在区域治理和国际治理规则构建中话语权的实现和提升，对于党的十九大报告提出的“推动构建人类命运共同体”的实现具有重要意义。基于人才培养方案和学生职业规划，首都经济贸易大学法学院（以下简称“首经贸法学院”）为探索创新型法治人才培养，细化了法学本科生的培养方向，主要分为涉外法务班、学术提升班和法学卓越班。其中，涉外法务班以培养具有国际视野，熟悉国际经贸规则和国际商事交易规则的涉外高端法律人才为目标，旨在实现法学本科人才的复合型、特色化和内涵化培养。

法律英语教学起始于20世纪七八十年代，经过20多年发展，逐渐成为一门特色课程。与其他兄弟院校一样，首经贸法学院关注学生专业能力提升和国际化培养，注重法律英语教学和学生涉外商事能力培养。实践中，由于法律英语本身内容枯燥和知识繁杂，授课模式僵化单调等，所以法律英语的教学效果通常不甚

* 本文系2017年首都经济贸易大学研究生校级教育教学改革项目“‘双一流’背景下法律硕士（法学）创新型人才培养机制研究——基于建构主义学习理论”的阶段性研究成果。

** 作者简介：首都经济贸易大学法学院，讲师，法学博士。

理想。在当前“双一流”建设背景下，厚植特色、内涵发展已成为地方院校发展的重要任务。提升法律英语教学效果，关乎学校特色法治人才培养，更关乎学校特色发展。结合课堂实践，本文将以学生为中心探讨如何创新法律英语课堂教学模式，提升法律英语课堂教学效果，希冀对我校创新法治人才培养有所裨益。

二、法律英语课堂教学存在的困境和问题

随着英语教育普及发展和人们教育理念的转变，当前社会将英语学习更多归为一种专业技术的辅助选项，其“专业”属性不断弱化，“工具”属性正在凸显。为满足不同专业的学习需求，各种专业英语（English for Specific Purpose，ESP）或职业英语（English for Occupational Purposes，EOP）应运而生。早在20世纪90年代，达德利－埃文斯（Dudley－Evans）就提出ESP的几个特点：ESP满足学习者的特定目标；ESP需要借助其服务学科的潜在方法和行为；ESP以这些行为相关的语言使用为中心，包括语法、词汇、学习技巧、表达和风格等。换言之，法律英语作为一门融合英语和法律的交叉学科，是英语语言在法律行业的变体。基于专业英语的框架，法律英语强调以专业术语、词汇和语言的准确表达为主，因此，不应过分强调法律的专业性和材料的难度。

就课堂教学内容而言，有的老师讲授法律英语中的部门法，有的老师讲授法律英语词汇，还有的老师则讲授法律英语材料的阅读和翻译。姑且不论法律本身的枯燥性和繁杂性，单就讲授法律英语词汇而言，问题就非常大。讲授部门法，很难避免陷入法学原理和理论的讲解，难免让学生在课堂上感到困惑和迷茫。以材料翻译方式授课，虽能提升学生法律翻译水平，但有“翻译课”之嫌，与法律英语侧重“词汇表达和搭配”的教学要求有所偏差。

教学方式方面，一些教师习惯采取传统的课堂教学模式，即教师讲授＋学生听课。对于法律英语课程来说，这种以教师为中心的教学模式难以适应该学科以英语表达法律，侧重标准和纯正语言运用的教学要求。同时，当前学生的自我性较强，对于缺乏“存在感”的事情往往很难长时间集中注意力，上网、微信、微博、聊天成为他们等待课程结束的“救命良方”。这反过来也会挫败教师上课的积极性，进而降低整个课程的教学效果。

三、法律英语课堂教学的困境与问题分析

首先，与普通英语不同，法律英语具有较强的职业属性和专业特色，注重运用英语表达法律词汇、句式等，具有鲜明的行业特点。很多人认为，普通英语好，法律英语自然好。普通英语好自然会对法律英语学习有所帮助，但法律英语中的词汇表达的意思与普通英语中的常见意思存在差异。例如，“damage”常见

意思为“伤害、损害”，但“damages”在法律英语中则指“损害赔偿”；还有“special damages”，指“间接损害赔偿”。对中国学生来说，熟词生义的模式被推翻。除了专业词汇，法律英语还会涉及一些拉丁词汇，加大了理解的难度。

其次，学生不仅要对法律原理有基本的了解，更要对英美法律制度、文化背景等有所掌握。英美法属于普通法（common law），法庭审讯涉及对抗制（adversarial system），与我们的纠问制（inquisitorial system）审问制存在差异。在律师作用上，英美法突出强调律师帮助当事人寻找证据，参与法庭对抗等方面，而法官则坐等裁判。同时，陪审员制度、合同法中的对价（consideration）制度等增加了法律英语的难度，学生对这门课难免流露出胆怯之意，课堂参与度自然不高。

再次，针对法学本科的英语教学，目前官方并未提供明确和系统的教学目标和教学大纲。无“纲”之下，各个学校自行决定和安排教学，教学水平参差不齐不说，“各自为政”也难以形成体系化和阶段化的培养模式。一些教师为教学便利，往往使用国内出版的中英文对照教材，这种教材虽然有助于了解法律英语对应的中文词汇，帮助学生尽快进入状态，但从长远来看，由于存在对应的中文译文，学生学习的积极性和有效性会降低，进而会减弱法律英语的教学效果。更为重要的是一些词汇用语不纯正，中式英语问题突出，影响法学人才培养质量。

最后，课堂教学模式僵化单一，学生难以有效参与。当前的法律英语课堂仍采取以教师为中心的模式，在该模式下，教师单一讲授，学生被动接受。教学是一个互动过程，师生能否良好互动关乎整个课堂教学的成败。不适当的教学模式，不仅会挫败教师上课的积极性，更会影响学生的听课积极性，进而影响整个课程的授课效果。在厚植特色发展的背景下，创新法律英语课堂教学模式，对于提升法律英语教学效果和创新法治人才培养具有重要意义。

四、创新法律英语课堂教学模式

法治人才培养对于我国民主法治建设具有重要影响，直接关乎“依法治国，建设社会主义法治国家”这一重要目标的实现。创新法治人才培养的重要性不言而喻。高层次、特色化、应用型人才的培养成为高校本科教育的一个重要方向，法律英语在创新型法治人才培养中的作用日益凸显。作为一门交叉性学科，法律英语具有自身的专业特点和行业属性，课堂教学不能沿用之前以教师为中心的“漫灌”式教学模式，要构建以学生为中心的“参与式”教学模式，创新课堂教学模式，丰富教学内容，改革教学方法，助推特色高水平创新法治人才培养。

（一）明确课程特点，从职业定位引导学生学习

正因为法律英语学习存在一定难度，才会让涉外法律人才备受市场青睐。尤

其在当前“一带一路”倡议下，我国积极参与国际治理，跨学科的复合型人才在就业大军中优势明显。有鉴于此，教师在学期开始就要向学生说明课程特点和培养目标，从法律英语的重要性，与普通英语的差异等方面，向学生传递交叉学科的特点，以及未来职业发展的优势，使学生能够明确该课程的特点和职业定位。

（二）选取英文原版教材，确保专业词汇和术语的准确性和纯正性

诚如前述，法律英语作为一门专业英语，具有鲜明的行业特色和专业烙印。如 hereinafter，hereinto，therein below 等古体词都已经很难从普通英语中看到，但它们依然活跃在法律英语中。对于外国人来说，英文原版教材更能帮助学生准确把握这些专业词汇的意思和用法，体验纯正、地道的法律英语表达。

（三）构建以学生为中心的“参与式”课堂教学模式

结合课程特点，以及新生代学生的自我性较强的特点，法律英语要改变以往僵化单调的讲学方法，提升学生课堂参与度。准备工作包括将学生分为几个小组[①]，以小组为单位，弱化学生自身属性，引导其参与小组和课堂讨论。每组每节课轮流推选一个小组长，负责组织督促组员参与学习讨论，营造相互学习、彼此督促的学习氛围。

具体课堂而言，课堂教学主要包括以下几个方面：

1. 课堂导入

首先结合本节课内容，提出几个引导性问题，鼓励和引导学生进行思考。比如关于合同法，可以就学生之前对合同法的学习进行发问，引导学生进入学习思考状态。

2. 课堂开启

（1）发放集合主要核心词汇和术语的简短阅读材料，给每个小组分配不同的段落，让学生进行小组内讨论阅读，各小组理顺材料的准确意思，确保每个学生都能参与讨论且了解整个阅读材料的意思，并形成一致意见。

（2）让小组之间互派组长进行内容指导学习，确保每一小组能够准确理解其他小组材料的内容，教师随机抽取组员对其他组材料内容的汇报，从而检查学生的掌握情况，由负责的小组进行评议。

（3）结合阅读材料，给出相关的联系题目，让每个小组讨论形成集体意见。教师在此过程中要查看每个小组的讨论情况，积极引导每名学生参与讨论。要让学生用英语总结每段的主要意思；给出特定几个英文术语与英文解释的连线题；让每个小组能够进行解答；给每个小组提供一些普通英语词组，让其在阅读材料

① 组数不易太多，具体要看班级学生人数，一般四五个人一组，人数太多，讨论的参与度不够。

中找到对应的法律英语表达，如 as stated above，对应的是 aforesaid。把阅读材料中的重点词汇摘取出来，列在表格中，要求每个小组将这些词汇填入练习题中，提升学生对词汇搭配的使用能力，最后进行判断并讨论原因。所有这些练习题，都需要借助“雨课堂”软件进行现场评比，评出最佳小组，激励学生参与课堂讨论，提升其课堂参与度。

3. 教师讲解

教师对于学生讨论中出现的问题进行一一讲解，纠正一些问题，并对材料进行适度扩充。对阅读材料中的核心词汇进行讲解，借助“音节重读表”（syllable stress table，SST）① 帮助学生学习掌握核心词汇（表 1）。

表 1　音节重读表

Stress / Syllable	1	2	3
1	Offer		
2	Contract		
3	Remedies	Acceptance	

对阅读中的重点核心问题进行讲解，并对学生问题进行答疑。

（1）听力练习：发放练习题，播放与该部门法相关的听力材料，让学生借助听力进行练习，强化对专业词汇和用语的掌握。

（2）写作练习：让每个小组基于阅读和听力，找出一些法律英语特色化和常见表达方式。基于学生的总结，教师进行随后讲解，并让每个小组运用词汇，借助阅读材料仿写几个句子，教师最后进行点评。

4. 教师总结

教师总结课堂教学内容，并留出课后作业：发放与本部门法相关的一些实务性材料，让学生结合阅读材料回答相关问题，巩固课堂练习。

因此，在以学生为主导的课堂上，教师要准备更多的英文材料，设计好各个环节之间的衔接，要保证学生参与，更要确保整个课堂教学富有成效，避免本末倒置，影响教学效果。

五、结语

作为一门专业英语，法律英语是用英语来表达法律的，强调词汇、句式、语法的专业性和行业性特点。课堂教学应侧重语言和术语的准确表达，避免过度强

① 根据音节和重读进行划分，让学生尽快熟悉专业词汇。

调法律专业知识和法律逻辑思维。鉴于当前教学模式僵化单一，学生缺乏兴趣，教学内容枯燥等，本文提出要创新课堂教学模式，丰富教学内容，改革教学条件，通过阅读、听力、写作等模块强化训练，提高学生参与度，让学生由旁观者转为参与者，以参与为手段，在过程中融入式学习，提升法律英语课堂教学效果。

参考文献

[1] 张文娟，沙丽金．法律英语教学现状分析与教学改革思路探讨［J］．四川教育学院学报，2008（1）：24－26.

[2] Dudley－Evans，Tony. Developments in English for Specific Purposes：A multi－disciplinary approach［M］. Cambridge：Cambridge University Press，1998.

[3] 苗青．高校开展专门学术英语教学之瓶颈与对策刍议：以法律英语教学为视角［J］．外语教学理论与实践，2014（3）：65.

[4] 焦富民．“法治中国”视域下法学教育的定位与人才培养机制的优化［J］．法学杂志，2015（3）：44.

[5] 刘凌燕．英国法律英语课程教学模式研究：一项基于诺丁汉大学的调查［J］．中国外语，2016（4）.

[6] 牛晓．法律英语教学模式的探索［J］．云南大学学报：法学版，2009（6）.

[7] 王青梅．法律英语教学模式的探索：以案例教学法为例［J］．宁波大学学报：教育科学版，2003（5）.

[8] 杜金榜．论法律英语课程“双高”教学目标的实现［J］．广东外语外贸大学学报，2006（2）.

[9] 刘国生．法律英语课程设置和教学模式研究［J］．西南政法大学学报，2012（1）.

浅谈基于手机使用的外语教学改革

栾 婷*

【摘 要】当今，智能手机在大学生中使用广泛、普遍，不仅改变了学生的生活方式，也改变了其学习方式，给高校教学和管理都带来严峻的挑战。本文探讨手机在外语教学中的作用，结合教学实践从课上、课堂及课下三个环节分析手机可能的参与教学的方式，以期为外语教学改革提供思路与举措，推动我校外语教学的创新与发展。

【关键词】手机；外语教学；教学改革

一、引言

近年来，以手机为平台的移动互联网技术飞速发展。手机等移动终端设备不仅仅具备传统的通信功能，更是可以实现诸如日历、计时、录音、拍照等日常功能，及诸如社交、浏览网页、查询资料等上网功能，大大方便了人们的生活和工作。我国工业和信息化部发布的通信业经济运行情况显示，2017 年 2 月末，我国移动电话用户总数达到 13. 3 亿户，移动互联网用户总数达到 11. 2 亿户，使用手机上网的用户数接近 10. 6 亿户，对移动电话用户的渗透率为 79. 3%。随着手机使用的普及，移动终端媒体还被称为继报纸、广播、电视三类传统媒体及互联网之后的“第五媒体”（朱海松，2005），影响越来越深远。

当代大学生多为 90 后一代，从小生活在互联网环境中，更是见证了手机、平板电脑等移动终端设备的不断更新和智能化。对于当今大学生而言，手机不但是生活必需品，甚至上升为“身体的一部分”。手机的频繁使用不仅改变了学生的生活方式，也改变了其学习方式，对高校教学、管理等都带来严峻的挑战，尤其对教师的课堂教学带来巨大的冲击。王妍（2015：30 – 34）对辽宁 650 名大学生的调查显示，课堂上有高达 98% 的大学生使用过手机，其中，51. 5% 经常在课堂上使用，17. 8% 每节课都会使用。将近八成的大学生每节课使用手机超过 10 分钟。同时，有 60. 8% 的大学生课堂上使用手机是出于社交需求，58. 6% 的大学生表示出于娱乐需求，42. 2% 的大学生是为了打发时间，另有 56% 的大学生认为

* 作者简介：首都经济贸易大学外国语学院，讲师。

自己在课堂上属于习惯性使用手机。另据许国成等（2014：537）调查，大学生群体间存在明显的手机依赖倾向一致性。不同性别、不同学科，以及不同年级的大学生手机依赖均不存在显著性差异，与杜立操和熊少青（2009）及澳大利亚学者比安基（Bianchi，2005）的研究也保持了良好的一致性。

面对课堂教学的新环境、新问题，各种应对举措层出不穷，不一而足。但通常有两种态度：一种认为高校应加强管理，制定明确的规章制度，禁止学生在课堂上使用手机，或利用技术屏蔽通信、网络信号，让学生无法使用手机的部分功能；另一种则对课堂使用手机较为宽容，从教师、教学法等方面积极寻找解决办法。笔者认为，手机的普遍应用是信息科技发展的必然结果，的确给传统的课堂教学带来困难。但我们不应消极面对，而应该勇敢正视，积极思考如何运用手机等现代科技手段提高、改进教学，并做出相应调整。只有这样，才不会让学生与教师、学校之间的距离越来越远，才能更有效地推动教学方式改革，提高教学效率。值我校开展“创新创业教育背景下的教学模式和方法改革大讨论”之际，且在我校即将迎来第一届法语专业学生的重要时节，本文探讨手机对课堂教学、课下学习的影响及作用，提出基于手机使用的外语教学方法改革的思路和举措，以期推动我校外语教学的改革与发展。

二、手机可作为课前预习的辅助工具

目前，翻转课堂教学改革、慕课网络平台建设等已在我校外国语学院率先展开，并取得了令人瞩目的成绩。随着4G时代的到来和移动终端技术的飞速发展，利用手机、平板电脑等终端设备随时上网或离线观看网络视频已经成为可能。在此背景下，手机便可与新兴的慕课网络联结起来，作为课前预习的有效辅助工具。教师可以将自己录制的与课程相关的视频提前发送给学生，让学生在课前便对要涉及的知识内容有所了解，继而深入思考或查找资料，也可以利用诸如网易公开课、慕课学院、Coursera等慕课平台，将相关视频的链接发送给学生。利用微信、QQ等的群组功能，教师还可以轻松开展布置任务、内容讨论等活动，为课堂教学做好充分的准备。不仅如此，与课程相关的网站、文档等资料，教师也可以随时发送到学生的群组里，并随时与学生交流、互动，保证课堂教学的效率。

三、手机可作为课堂教学的真实语料

课堂教学通常以教材为本，教材是教学内容的主要载体，也是实现教学目标的基本保证。但教材通常具有滞后性，内容也受限制。网络的开放和手机的便携可为课堂教学提供珍贵的真实语料，作为教材内容的有效补充。在外语教学中，真实语料可以让学生接触到原汁原味的语言与文化，从而营造语言环境，提高学生的语言能力和跨文化交际能力，是学生必不可少的学习资源，并且能增加学习的趣味性。本文仅以词汇学习和语用学习[①]为例介绍手机在课堂中的应用。

（一）词汇学习

词汇是语言的基本构成要素，是外语学习者的重要学习内容。在传统外语课堂中，新词释意通常是教师的任务，然而利用网络和手机，教师可以让学生自己登陆翻译网站，或利用手机词典应用软件，查找相关解释后用自己的语言表达出来。这种方式不仅让学生印象更深刻，学习效率更高，还可以提高学生的自主学习能力，增加学生的课堂注意力和参与度。

在学习例如服饰、家具等一系列词汇场时，教师可以让学生用手机登录外文的购物网站或家居网站，网站图文对应的界面可以让词汇学习变得生动、自然、高效，学生还可以同时习得产品颜色、原料、形状等特征的表述方式。在此基础上，教师可以展开各种分组“任务”，如让学生模拟网购、进行同类产品比较等，使课堂活动变得有趣、实用，大大提高学生的学习兴趣。

不仅如此，教师还可以将词汇练习以二维码形式发送给学生，让学生扫码做练习，在点名回答问题时也可以利用手机小游戏随机选择学生，增加课堂的趣味性，活跃课堂气氛。

（二）语用学习

手机与网络结合，可以让学生随时随地接触真实语料，并使用语言完成交际任务。在课堂中，教师可以利用外文交友网站教授学生自我介绍、兴趣爱好等的语言表达方式，并让学生在网站中撰写自己的交友信息；利用外文租房网站，学生可以模拟找房、租房活动，并进行角色扮演；电影网站汇聚众多电影预告片、内容介绍、评论等，教师可以与学生一起阅读电影介绍及评论，观看预告片，对已有评论做出回应，或撰写自己的评论；通过手机新闻应用软件，教师还可以组织学生开展对外文新闻的辩论，或让学生以微博、博客的形式对新闻进行深入或跟踪报道……网络给外语学习带来极大的便利，手机又使得移动使用成为可能，教师应该充分利用技术便利，为自己的课堂增色。

四、手机可作为课下拓展的有效手段

外语学习是持续、长久的过程，仅依靠有限的课堂教学远远不够。教师正确引导学生，激发学生的自主学习兴趣，提高其自主学习能力，不仅对外语教学有利，对学生一生的学习和发展也会有很大帮助。事实上，教师可以改变传统的练

---

① 本文“语用”指的是使用语言、利用语言完成真实的活动或任务，并非语言学中的“语用”。

习、作业形式，充分利用手机布置有趣的课下任务，效果一定会事半功倍。例如，教师可以让学生分组建设微信公众账号，让学生在公众号发表语言、文化等课程相关内容。利用手机录像功能，教师可以让学生将自己的对话、活动以视频形式在课堂上展示。笔者曾经尝试让学生录制角色扮演的视频，学生不仅完成了对话，还对视频做了后期处理，风格可爱、清新。学生表示在做"作业"的过程中非常开心，从写剧本到录制再到后期剪辑各种创意不断，小组成员分工合作很是愉快，最终成果也令他们非常骄傲。利用手机应用软件，教师还可以让学生录歌曲、写空间日志、发表微博文章等，这些都可以成为替代传统纸质句型练习、命题作文等的新型作业形式。同时，这些也都是学生喜闻乐见的娱乐方式，学生很容易接受，并且能够在活动过程中提高自己的语言水平。

不仅如此，教师还可以向学生推荐优质的学习网站，推送内容丰富的微信公众号，鼓励学生使用Skype、微信等应用软件与外国友人直接交流、对话，利用QQ、微信等的群组功能在课下与学生实时讨论、答疑，跟踪学生的学习进度，及时解决学生的学习困难，帮助学生更快、更好地完成学习任务，并提高其自主学习能力。显然，网络和移动终端设备犹如给教师和学生添了一双"翅膀"，教师可以随时陪伴在学生身边，学生则可以随时在外语知识的海洋中遨游。

五、结论

在教育部最新版的《大学英语教学指南》中，现代信息技术作为新型教学手段被多次提及："信息化时代为外语教学提供了全新的学习方式和前所未有的丰富资源。因此，大学外语应大力推进最新信息技术与课程教学的整合，继续发挥现代教育技术，特别是信息技术在外语教学中的重要作用。"教育部"全面提升大学生网络素养的方法研究"课题组组长、上海市教委党委副秘书长曹荣瑞也认为，使用手机的频率和方式是当代大学生网络素养的重要组成部分，不能只靠学生自律和单个任课教学对学生进行管控，应该对学生进行有策略的引导（陈怀志，2014）。因此，高校和教师不应消极面对信息技术发展给高校教学带来的新局面，应该正视现实，充分利用科技手段，调整教学方式，改革教学模式，让手机为教学服务。

参考文献

[1] 许国成，黄黎，魏莉莉，等．大学生手机依赖与课堂学习效率的关系研究［J］．浙江理工大学学报：社会科学版，2014，32（6）.

[2] 陈怀志．智能手机给高校课堂教学带来的冲击和启示［J］．西昌学院学报：社会科学版，2014，26（4）.

[3] 夏增亮．基于智能手机的移动学习在大学英语学习中的应用与探究［J］．湖北函授大学学报，2013，26（3）．

[4] 王妍．大学生课堂上手机使用的现状、存在问题及对策研究［D］．大连：辽宁师范大学，2015．

[5] 周喜华．大学生手机成瘾的探究［J］．教育与教学研究，2010，24（4）．

[6] 邹云飞，邹云青，姚应水．某高校大学生手机使用与手机依赖症的横断面调查［J］．皖南医学院学报，2011，30（1）．

[7] 林安全．手机：第五媒体的崛起［J］．西部广播电视，2015，9．

[8] 许国成，黄黎，魏丽丽，等．大学生手机依赖与课堂学习效率的关系研究［J］．浙江理工大学学报：社会科学版，2014，32（6）：535－538．

大学英语 PBL 翻转教学模式研究

王　鹏*

【摘　要】全球化、信息化背景下的高等教育，亟须对英语课程进行大胆、创新性的改革。本文通过借鉴并吸收基于问题式学习和翻转课堂这两大目前国内外热点教学模式革新的一些思想，提出大学英语 PBL 翻转教学模式。该模式包括课前知识传递、课中知识内化和课后知识固化三个阶段，对于提高学习者语言综合应用能力，培养学习者自主学习能力、创新思维能力、协作探究能力等提供了探索性新路径，值得在大学英语教学中进一步推广。

【关键词】PBL；翻转课堂

一、引言

随着全球化进程的推进、互联网技术的不断进步，中国高校迈进高等教育的国际化、信息化阶段，大学英语课程在教学环境、教学模式等诸多方面进入空前的变革时期。《国家中长期教育改革与发展规划纲要（2010—2020）》明确提出高等教育国际化发展，培养国际化人才的战略目标。面临新目标和新挑战，“大学英语”课程发展正经历教学理念不断更新、教学内容日益丰富、教学方法和手段逐渐完善、教学条件和环境更加优化的过程。“大学英语”课程的现行改革虽然在一定程度上提高了学习者的语言表达能力，然而教学实践却依然遵循教师的主体—主导地位，以语言技能的操练为学习内容和培养目标的传统教学模式，忽视了学习者创新思维、创新精神、互联网技术的培养，难以实现在语言教学过程中培养学生分析问题、解决问题的能力。基于问题式学习和翻转课堂教学模式，突出学习者在课程学习中的主体地位，借力 MOOC（慕课）平台整合课外线上资源自主学习，以及课堂自主、协作探究等教学环节，使学习者在使用语言分析、解决问题的过程中实现语言表达、创新思维、合作探究等能力的训练和发展。

* 作者简介：首都经济贸易大学外国语学院，讲师。

二、概念的界定

（一）基于问题式学习

基于问题式学习（Problem - Based Learning，PBL）教学模式起源于20世纪50年代美国西余大学医学院的综合课程教学。60年代，美国的神经病学教授巴罗（Barrows）进一步发展了这一模式，提倡将学习置于有意义的复杂问题情境之中，通过协作学习、发现问题等多种学习方法来解决具体问题，从而培养解决问题和自主学习的能力。PBL教学模式是以问题为导向的教学模式，所有的学习都是围绕设计的问题而展开的。将PBL教学模式应用到大学英语教学中，就是将英语中的基础知识和英语课文中的知识点寓于设计的问题之中，让学生在解决问题的过程中掌握知识，提高英语的应用能力。它的基本的教学形式是“以学生为主体，以问题为中心”，学生在教师的指导下主动参与到教学活动中去。

20世纪90年代，PBL教学模式在西方的教育界迅速发展，成为西方教育改革的新模式。20世纪90年代末，国内学者开始关注并引进PBL教学理论，并尝试如何将PBL教学模式运用到我国的教学实践之中。例如，“远程教育中以问题为本的学习方式”和“问题式学习——一条集中体现建构主义思想的教学改革思路”把PBL教学模式引向国内的教育学领域。之后“问题为本的学习”教学模式慢慢向教育学、管理学、医学、工学等教育领域延伸发展。南京师范大学支永碧副教授发表了《PBL在中国外语教育中的应用》一文，开始关注“问题为本的学习”理论，讨论了问题为本的学习在中国外语教育中的价值，所面临的问题以及今后的发展方向；丁后银副教授发表文章指出，“问题为本的学习”教学模式是当前我国英语教师课堂教学改革的新方向。

（二）翻转课堂

翻转课堂作为一种新型教学模式，近年来成为全球教育界关注的热点。翻转课堂最初的构想来源于美国林地公园学校的乔纳森·伯尔曼（Jonathan Bergman）和亚伦·萨姆斯（Aaron Sams）这两位化学教师的教学实践。2011年，可汗学院里程碑式地推动了翻转课堂，使其演变为全球教育界备受瞩目的新型教学模式。

所谓翻转课堂，就是在信息化环境下，教师提供以教学视频为主要形式的学习资源，学习者在课前完成对教学视频等学习资源的观看和学习，师生在课堂上一起完成作业答疑、协作探究和互动交流等教学活动的新型教学模式。作为一种新型教学模式，翻转课堂实现了“课前视频授课，课上学生习作”，与传统教学模式的“课上教师授课，课后学生习作”在特点上有如下差异：首先，它颠覆了传统的教学理念，通过课前学习者观看微视频，实现知识的传递，使“以学生为中心”“因材施教”“非指导性教学”等教学理念得以践行。其次，该模式以微视频为主要载体，对基础知识加以提炼、传递，促进知识的内化。再次，翻转课堂颠倒了教师和学生的角色。其一，在以“掌握学习法”为理论基础的翻转课堂模式下，学习者对学习自我监管、自负其责，成为主动内化知识的自主学习者。其二，它遵循“最近发展区”学习理念，因此教师充当矛盾调节者、资源提供者、活动组织者，为学习者提供个性化学习咨询服务，促进学习者知识的固化，提高其解决实际问题的能力。

如表 1 所示，基于问题式学习和翻转课堂这两种教学模式在理论基础、教学特点、学习方式和学习资源上存在着诸多相似性和补充性，将其融合必能为大学英语改革的发展和国际化人才培养目标的实现带来新的契机。

表 1　基于问题式学习 VS 翻转课堂

概念	基于问题式学习	翻转课堂
理论基础	多元智能学习，构建主义	最近发展区，掌握学习法
教学特点	提出问题、分析问题、解决问题，汇报与反思	课前自学，课上互动
学习方式	自主学习，合作探究	自主学习，协作学习
学习资源	网络平台	微课，微视频

三、基于问题式学习和翻转课堂在大学英语教学中的互融性分析

基于问题式学习在鼓励学生独立探究、协作探究，培养学生自主学习、互动交流等能力上发挥着重要作用，但在具体教学实践应用中也遇到了一些困难和挑战：首先，提出问题、呈现问题的开放性特点，使教师在设计主题、呈现问题时要花费很长时间，这无疑给早已超负荷工作的大学英语教师带来更大压力，不利于工作热情和工作效能的激发。其次，大学英语的教学目标指出，“培养学生的英语综合应用能力，特别是听说能力，使他们在今后学习、工作和社会交往中能用英语进行有效交际，同时增强其自主学习能力，提高综合文化素养，以适应我国社会发展和国际交流的需要”。教学目标中交际能力的提高和综合文化素养的养成，在很大程度上取决于教师能否在课堂上给予学生更多交流互动的机会，以及是否在课上、课下提供针对性的引导和帮助。然而，近年来伴随着课时量压缩的英语学分制改革导致教师在课堂上更为密集地进行知识传授，学生在课上交流合作的机会更难获得。再次，依据认知负荷原理，问题的发散性和复杂性加大了认知负荷，不利于发挥语言基础较薄弱学习者的主观能动性，实现知识的主动建构和内化。针对上述问题，翻转课堂为基于问题式学习提供有益补充和修正。其一，翻转课堂中的微课，即微型教学视频，针对知识要点、难点为问题的确立、呈现提供了大量优质在线视频资源，既减少了教师的备课量，又在一定程度上弥补了他们在教育技术应用能力（如：微视频制作能力）上的欠缺，更因其情境

性和新颖性为教学注入了生命活力。其二，经过课前微课学习之后，课堂上教师稍加引导和评价，即可组织学生在真实情景中互动交流和应用语言，为满足教学目标中对交际能力和自主能力的培养提供技术支持。其三，学习者依照自身语言水平和认知能力，反复观看微视频，掌握知识，增强信心，为课上的合作学习和互动交流提供信息、心理上的保障，促进分层教育和个性化学习的落实。

同样，基于问题式学习对于翻转课堂的有益补充也不可忽视。翻转课堂若能和基于问题式教学模式中诸如自主探究和协作探究等解决问题的具体策略、实施过程相结合，将有益于对学生解决问题、创新能力的培养。具体到“大学英语”这门课程，基于问题式学习的策略、步骤在翻转课堂上的应用，能在最大限度上促进师生交流，有效发挥学生的主体地位和教师的激励、咨询等促进作用，增强学生的英语交际能力和自主学习能力，以及沟通合作、探究精神、创新思维等综合素养的培养，满足社会发展和国际交流的需要。综上所述，基于问题式学习与翻转课堂在大学英语教学中有机融合，能够适应我国教育信息现代化的发展要求，满足高等教育对国际化人才培养的战略目标，值得进行全面且深入的探索和实践。

四、课堂教学实例

根据以上理论，笔者在大学英语课堂教学中采用了 PBL 翻转课堂教学法。以《全新版大学英语（第二版）》中的 *Unit One Text A Learning*，*Chinese - Style* 一文为例：本文主要讲述在儿童教育方面中美两国教育方式的不同，各有利弊，我们将找到两者的平衡点，使得本国的教育发展更进一步。首先，笔者把自己整理的课文学习要点和难点的 PPT 在学生学习本课之前发送给他们，让他们提前学习；其次，学生以小组为单位整理学习心得，补充学习材料，并在课堂上向全班同学讲解，以此督促学生能够更加认真仔细地学习课文；再次，每个小组还要搜索与课文相关的阅读材料，培养学生收集筛选与所学知识相关材料的能力，同时为学生在课堂进行讨论储备知识；最后，在课前学习，课堂自主讲解，材料收集与阅读等各种准备下，完成最终任务——中美教育的比较，也就是本文的中心思想——我们能否从两个极端中寻求一种更好的教育方式，或许能在创造力与基本技能这两极之间获得某种较好的平衡？

当然，在使用 PBL 翻转课堂教学法时，也遇到了很多问题。例如：有的学生没有进行提前学习的材料，课堂上无法讨论问题；学生课堂自主讲解时重点难点掌握不明确；进行最后的课堂讨论时，有的学生由于知识输入不足，无法融入知识输出阶段；等等。

五、结论

教育信息化、全球化背景下的大学英语改革，需要进一步更新教学理念和教学模式，以实现国家教育改革发展的战略目标，培育出创新型、合作型、反思型国际化人才。基于问题式学习和翻转课堂在理论基础、学习特点等方面的可融性为信息环境下的大学英语改革提供了值得全面且深入探索的新路径——大学英语PBL翻转教学模式。研究中笔者发现，针对大学英语学科具体技能、主题建构的模式探索、实证分析及基于微视频设计及效果评价的问卷调查和访谈记录将更具针对性，也更详尽、客观地说明该模式在大学英语教学改革中的可行性和推广价值。再者，课堂教学并非教学过程的全部，随着知识经济化、社会化的进一步深入，课堂外教学活动的开展和针对性的研究将成为大学英语等学科建设探索的趋势。因此，针对在该模式下指导学生设置问题情境、展现成果的研究也将成为今后理论研究和实践探索的重点。在日后的教学实践与理论研究中，笔者将力争落实上述目标，同时也希望该研究模式的探索能给大学英语改革带来些许启发。

参考文献

[1] 丁远坤. 建构主义的教学理论及其启示 [J]. 高教论坛，2003 (3).

[2] 陈战. PBL 教学模式对大学英语的影响 [J]. 吉林省教育学院学报，2013 (8).

[3] 赵莉. 远程教育中以问题为本的学习方式 [J]. 天津电大学报，2000 (3).

[4] 刘儒德. 问题式学习：一条集中体现建构主义思想的教学改革思路 [J]. 教育理论与实践，2001 (5).

[5] 支永碧. PBL 在中国外语教育中的应用：意义、困境与出路 [J]. 外语与外语教学，2009 (7).

[6] 丁后银. “问题为本的学习”与“行动研究”的整合 [J]. 外语与外语教学，2009 (3).

[7] 郑光锐. 开发学生英语自主学习潜能的 PBL 教学模式探析 [J]. 教育科学，2011 (6).

[8] 易祯. 基于问题为本的学习 (PBL) 在大学英语教学中的应用研究 [J]. 海外英语：中旬刊，2010 (8).

[9] 王忐晨，付小达，李娟. 网络环境下大学英语 PBL 教学模式研究 [J]. 中国现代教育装备，2011 (21).

[10] 张跃国，张渝江. 透视“翻转课堂” [J]. 中小学信息技术教育，2012 (3).

[11] 钟晓流，宋述强，焦丽珍．信息化环境中基于翻转课堂理念的教学设计研究［J］．开放教育研究，2013（1）．

[12] 杨小彬．转型期大学英语课程设置中的学生需求分析［J］．湖北大学学报：哲学社会科学版，2013（4）．

[13] 教育部高等教育司．大学英语课程教学要求［M］．北京：外语教学与研究出版社，2007.

完全学分制教学管理制度下高校学籍管理新模式探索

刘　娜*

【摘　要】目前，以学分制为主的教学管理体制改革正在高校积极推行。新的管理模式的施行，必然要求建立一套与之适应的运行机制，学籍管理制度作为高校教学管理制度的重要组成部分，要适应学分制改革的需要，满足学生个性化发展的要求，进行适应性改革势在必行。针对这些方面，本文进行了浅显的探讨。

【关键词】完全学分制；学籍管理；新模式

一、引言

21 世纪高等教育呈现信息化、大众化发展趋势，我国高校为了适应时代的变化，增强国际竞争力，提高高等教育的质量，不得不加快内部体制改革的步伐，逐步实施学分制教育教学管理模式，培养适合时代发展的人才。改革开放后，我国高校逐渐引入学分制。受学校实际情况的限制，不同时间引入的学分制程度和重点不相同，形成学分制百花齐放的现状，如学分制、学年学分制、完全学分制等。我国高等学校推行完全学分制主要是从 20 世纪 90 年代后期开始的，到 2007 年年底我国已经有一百多所高校不同程度地推行了完全学分制。但是在推行完全学分制过程中出现了不同程度的水土不服的现象，在学分制下我国高校学生事务管理受到强烈的冲击，已经很难适应新形势发展的需要。

学分制学籍管理是高校教育管理和学生管理的一个十分重要的环节。它是高校对学生在校期间学习全过程情况的记载、组织、协调与控制，是培养专门人才不可或缺的教学管理工作。其理念和实践的优劣、管理水平的高低直接影响着教学质量，影响着创新人才培养的成败。因此，做好学分制学籍管理工作意义重大。

《普通高等学校学生管理规定》（教育部令 41 号）已于 2016 年 12 月 16 日经教育部 2016 年第 49 次部长办公会议修订通过，现已将修订后的《普通高等学校学生管理规定》（以下简称“新《规定》”）公布，其中对高校学籍管理工作做了

* 作者简介：首都经济贸易大学教务处，助理研究员。

详细阐述。例如：学生参加创新创业、社会实践等活动以及发表论文、获得专利授权等与专业学习、学业要求相关的经历、成果，可以折算为学分，计入学业成绩；休学创业或退役后复学的学生，因自身情况需要转专业的，学校应当优先考虑；学校可以根据情况建立并实行灵活的学习制度，对休学创业的学生，可以单独规定最长学习年限，并简化休学批准程序等。与在此之前实施了多年的《普通高等学校学生管理规定》相比，新《规定》在学习年限、休学创业、具体学习标准和成绩评定方式、调整专业、自主管理学生学籍等方面赋予了高校更大的权利，着重强调学分制改革的重要性，同时，也使管理工作量大幅增加，政策性、时效性及服务性要求更高。之前的学籍管理模式面临新形势下人才培养需求的新挑战，对其进行改革势在必行。学分制是目前中国高校改革的主流方向，高校学生学籍管理是保证高校培养目标实现的重要途径，这两者契合的深入讨论和研究对高校负责学籍管理的教师开展工作有较强的指导意义。

二、学籍管理新模式的实施途径

在学籍管理工作中，如何做到以学生为本，增强服务意识，科学有效地为学校领导决策服务、为教学一线服务，是众多高等学校学籍管理工作者不断探讨的一个重要课题。学分制学籍管理新模式构建的核心是选课制和弹性学制，该模式注重学生学习的自主性和学习年限（允许提前或延长毕业），改变了过去按同一学习进度学习同一课程的传统教学管理模式。学分制教学管理制度下学籍管理新模式的实施途径有以下几种。

（一）优化课程体系结构，加强人才培养模式的多样化

学年制教学计划中的课程设置共性约束过强、人文陶冶过弱、研讨交流过少；学分制教学计划以加强通识、拓宽学科基础、凝练专业主干、灵活专业适应为总体思路来设置课程，增加了学生选择空间，利用综合性大学多学科（工、理、医、文、管、法等）协调发展的优势，丰富了选修课程资源，制订辅修专业、双专业和双学士学位培养方案，四年制的学分数规范到160，五年制的学分数规范到200。一般学分制教学计划中的课程类别由通识教育基础课程、大类学科基础课程、专业主干课程、专业方向课程、专业与跨学科选修课程及集中实践环节（校内和校外）等模块组成。在优化课程体系结构时，重新审视教学内容，增加新型研讨课程和项目专题课程，开设学分互认课程，搭建联合培养课程平台；多引进国外优秀资源，扩大双语教学范围，加强国际化建设；进一步完善实践教学体系，大力推进学生科研训练计划，鼓励学生参加各类学科竞赛、科技创新和相关社团活动，增强学生自主学习的能力，采用平时作业与论文、考试等不同形式的结合，分阶段和多种形式考核相结合的方法，加强课程考核方式的改

革，以提高综合考试要求。

（二）改善选课机制，增强学生选课的灵活性

加强选课管理，将选课机制真正引入教学过程。对于校级平台课程，如公共外语、马克思主义基本原理、高等数学等，开出课程内容不同、层次不同的课程；面向不同发展方向开出不同类型的专业及跨学科选修课程；根据课程特点不同开出授课风格不同的通识选修课程，如人文社科类、公共管理类等。学生依据自己所学专业、志趣、特长等情况选课，可自主选择不同的任课教师；可在条件允许的范围内自主操作部分课程的实验、上机等实践性环节，自行登记实验、上机时间。

（三）完善学籍管理制度，促进学籍管理工作的规范化和优秀人才培养

针对新形势和新挑战出现的新问题，2016 年年底教育部发布了《普通高等学校学生管理规定》（教育部令 41 号），对于学生学籍管理提出更高、更灵活、更自主的要求。以此为前提，首都经济贸易大学制定和完善相应的学分制学籍管理制度，促进学分制教学改革顺利推进，包括《首都经济贸易大学全日制本科学生学籍管理规定》《首都经济贸易大学全日制本科学生延长学籍管理办法》《首都经济贸易大学学位授予工作细则》《首都经济贸易大学推荐应届优秀本科毕业生免试攻读硕士学位研究生实施办法》等一系列规章制度。学分制学籍管理制度的功能可概括为四个方面：激励功能、导向功能、育人功能和保障功能。因此，学分制学籍管理制度的制定，体现了宽进严出的管理原则，既满足更多的人接受高等教育，又把好教育质量关，确保学校办学水平。

（四）构建学籍网络管理系统，完善教务管理平台，实现学籍管理手段的现代化

实行以选课制与弹性学制为核心的学分制，给学籍管理工作带来许多新情况。学籍工作实行网络化管理，是新形势下提高学籍管理工作信息化程度和进行信息流通及共享的重要标志。首都经济贸易大学在 2016 年正式上线了新教务系统，在以前旧教务系统的基础上，整合了学生信息资源，学籍电子信息化取得了很大进展，形成新生注册管理、成绩管理、转专业管理、学籍管理、毕业资格审核等子系统，最大限度地实现了数据共享，提高了工作效率，为学校各级领导及管理部门的决策提供了详尽的数据支持。各子系统的主要功能是：

第一，注册管理。对学生从入学至毕业整个学习过程中的基本信息进行实时在线更新。

第二，成绩管理。对学生成绩进行全面管理，是学籍管理、转专业管理、毕业资格审核的核心依据。通过该子系统，学生可及时了解自己的学习成绩，管理部门也可根据学生的学习状况，采取及时有效的措施提高教学质量，促进教学改

革和发展。

第三，学籍管理。对日常学籍异动（休、退、复、转、延长学籍等）进行办理，对成绩未达到标准的学生进行学籍预警和学籍处理。

（五）加强沟通和协调，积极推进学籍的二级管理

随着大学招生规模的扩大，学籍管理已不再是一个部门就可以完成的工作。这项工作涉及教务管理和学生管理等部门，也涉及学校各二级管理部门。因此，学校要建立完整的学籍管理制度，建立各二级学院的保障制度，首都经济贸易大学目前运行的新教务系统在逐渐往这个方向发展，并指定专人负责，强化二级学籍管理；学校应建立定期会商协调机制，设计科学有效的学籍办理工作流程，并结合各有关部门和二级学院实际，制定与之配套的相关制度。

三、结束语

学分制学籍管理是学校整个教学管理工作的重要组成部分，是按照一定的管理原则、方法和程序对学生的学习过程和各方面表现进行过程控制和管理，是一项细致具体又责任心、政策性、时效性要求较高的工作，还应在完善学生学习质量评定、导师指导制、选课制及学生思想教育等方面做进一步研究。同时，它也是一项系统工程，剖析其特点、规律、新问题，进一步树立以人为本的管理理念，用科研创新的精神实施管理，也将对学校教学管理工作进行有效监控和反馈，从而进一步推动学籍管理水平不断提高，促进学校教学管理工作水平和人才培养质量不断提高。

参考文献

[1] 别红桂．高校学籍管理工作的改革与探索［J］．教育探索，2011（1）．

[2] 申翠英．学分制教学管理制度下高校学籍管理新模式探索［J］．常州信息职业技术学院学报，2012（2）．

[3] 李颖岳．高校实施完全学分制的难点及对策探讨［J］．中国林业教育，2016（34）．

高校第二课堂讲座现状与发展初探

王美慧*

【摘　要】大学生第二课堂作为素质教育全面推进的重要载体，有效拓宽了课堂教育的内容，讲座作为第二课堂的重要形式，可以覆盖更多学生，更全面成体系地进行知识梳理，也可以将课本固有的基础知识延伸到主旋律教育、艺术文化熏陶、杂文轶事漫谈等领域。但各高校都面临着讲座上座率低、抬头率低、难达预期效果的问题。本文采用调查问卷、个别访谈相结合的方式了解问题症结，提出建议，以期打造"性价比高"的第二课堂讲座。

【关键词】第二课堂；讲座；素质教育

一、研究概述

国家"十三五"规划提出全面提高教育质量，完善高等教育质量保障体系，改革人才培养机制，着力培养学生社会责任感、创新精神、实践能力。进入21世纪后，培养具备良好综合素质和能力的专业人才是高等学校更好地履行人才培养基本职能的客观要求。纵观大学的发展和大学的使命，大学不仅仅有占主流地位的课程文化对学生进行教育和熏陶，还有一种重要的教育形式一直在人才培养中发挥重要作用，即大学讲座。讲座作为第二课堂的主要展现形式，是着力提高学生软实力的推力，而如何让学生受益最大和让讲座的效益最大化还有待思考与探索。

二、现状分析

笔者采用发放线上调查问卷与走访高校讲座组织者相结合的方式，初步了解大学生对于讲座的偏好类型、参加讲座的频次、讲座对于成长带来的帮助、获取讲座信息的渠道、对现有讲座的意见等，并将学生参加讲座的频次、目的，以及对讲座的期望和建议等进行简单汇总，初步探析高校讲座的现状。

（一）"一石二鸟"的障碍：讲座难以兼顾学生兴趣与培养目标

通过问卷调查可知，在校大学生最为偏好的三种讲座类型分别是专业知识、

* 作者简介：首都经济贸易大学学生处。

心理分析和考研或出国经验分享。同时，也看到了兴趣发展的阶段性，大多数低年级大学生偏好职业生涯规划这一类讲座，临近毕业的高年级大学生倾向考研以及职业选择方面的讲座。

目前各高校举办的讲座易受“冷遇”，并且形式僵化。陆逸珈老师在《大学生听讲座：意义、现状及对策》一文中，从讲座的组织者、学生和讲座本身三方面总结了当今高校讲座的现状。讲座的组织者的主观想法与学生实际需求脱节，娱乐和学习方式的多元化使得大部分学生不愿意抽出一两个小时听一场与自己理想遥遥不及的讲座。其中，“名人效应”的大众讲座，讲座主题通俗易懂，主讲人亲和力高，学生往往不请自来。而学术讲座却使得学生敬而远之，避之不及，学生对非专业领域或者没有兴趣的研究问题不愿意再多花时间去学习与思考。更不用提主旋律教育、意识形态等方面的讲座，更是不乏强制参加的情况。

（二）“95后”的“疑难杂症”：学习功利化、快销化，碎片信息过多

有些大学生的学习兴趣已被他们不良的学习习惯和学习态度渐渐磨灭，有时候学校会举办有关成长和兴趣双赢的讲座，但是大学生本身的状态让学校的讲座难以发挥出真正的效果，达不到讲座本身的目的。

大学生在进入大学之后，对讲座的兴趣会产生边际递减效应。调查分析发现，大多数学生在大一时对讲座有着很大的兴趣并且能够认真听讲座的内容，是因为这些讲座能为刚进入大学的他们带来很大的帮助；到了大二、大三，学生对讲座的期待与兴趣越来越少，听讲座的频率越来越低，是由于讲座在他们的意识中已经固化，认为讲座都是千篇一律的。

有些大学生存在快销的学习习惯，在选择讲座时存在功利性，动机大多数来源于获得相应的学分和奖励，而不是真正地去学习一些知识和技能。学生产生这种功利性可能是受学生所处学习氛围的影响。有的讲座可以引发学生的兴趣，有实质的内容，学生都很喜欢听，但是学生周边消极的氛围让他们对讲座失去了原本的兴趣。同时，一部分学生比较青睐互动式的讲座，另一部分学生却对参与有些胆怯，希望只是静静地听着就好。很明显，学生听讲座的心理是不一致的。

（三）“参差不齐”的质量：花样讲座遍校园，价值却难有保障

首先，虽然主办方每次邀请主讲人时都经过了精挑细选，但仍存在诸多不可控因素。有的主讲人时间紧，便会出现把助手当“枪手”使的情况。主讲人没有做好充足准备，意味着主办方无法把控主讲人对讲座的重视程度，而且也存在主讲人所讲的主题与预期的主题不匹配，以及跑题、临时改主题的现象，但即使讲授的是预期的主题，主讲人讲的内容或形式也未必能达到理想的效果。

其次，高校的讲座大都是适用范围广的、较为枯燥的讲座，而缺少个性化的、精确的、有感染力的讲座。有的讲座“干货不足”，有的讲座理论与实际脱节，学生听得云里雾里，却找不到实践之法。

最后，学生社团、学院、部门乃至学校等均有主办权，但却难以统一标准。有的主讲人说话滔滔不绝，但是缺少与学生的互动；有的主讲人虽然理论性的话语不多，但是可以很好地调动学生的积极性；也有的主讲人缺乏个人魅力，调动不起学生的热情。

（四）“穿针引线”不畅：资源共享通道不健全，宣传工作不完善

大学文化具有文化性、教育性、时代性和高品位四大特点。因此，大学具备培育优秀栋梁人才的土壤，富含各专业领域精尖资源。但是如何将资源运用到学生成长发展过程中，需要多项健全的举措和完善的制度体系。

调查数据显示，高校学生更青睐体验类和沙龙类的讲座，即互动性和体验性强的讲座。这类讲座的人数往往不是很多，相对于几百人的大讲座来说是“小课堂”，但举办此类讲座的成本却很高。因此，应考虑使用现有资源降低讲座成本，满足学生偏好。高校面临着学院与学校讲座对接不足的情况。学校的讲座是面向全校范围内的学生的，往往以通识课教育为主，如职业生涯规划、主旋律教育、心理知识、中国优秀传统文化、名家杂谈、创业知识等普适性较高的讲座。而学院的讲座内容则偏重于本学院专业，缺乏普适性。但是，很多学生对于专业类或学术类讲座也有浓厚的兴趣，如法学教育、英语语言文学、人力资源等主题讲座，都获得很多学生的青睐。

讲座前的宣传有助于学生了解讲座内容、时间、地点，简单直接、扣人心弦的宣传方式将大大增加讲座的上座率。讲座中的宣传工作有助于参与讲座的学生增强获得感和优越感，引导其今后关注该话题、该类型的讲座。讲座后的有效宣传更是要打破信息不对称的局面。如果学生都是被动地去听讲座，那么对这个讲座内容的关心程度定远不如他去主动获取相关信息的程度。如果这个讲座的主讲人或主题是学生感兴趣的，他有可能在去听讲座之前就已经上网查阅了相关的内容，这样在主讲人讲授时便会听得更认真，就会与授课老师产生共鸣。

三、相关建议

针对以上提出的问题，笔者认为应在以下几个方面进行改进，从而提升讲座的“性价比”。

（一）用数据说话，增强讲座与学生发展需求的契合度

有清晰可靠的数据支撑，才能得心应手地举办受学生欢迎的讲座。举办讲座前，应对学生近期需求迫切的讲座类型做调查，并将之与讲座后期反馈相结合，

形成一个系统。一方面，在系统上建立阶段性的实时调查有利于讲座的有效开展，有利于主办方了解讲座的即时效果。对于大多数人而言，在不同的成长阶段会产生想法上的差异，因此，仅仅做一次需求调查是不够的，忽视了需求的时效性。同时，具有时效性的需求调查更加客观，可供前期宣传借鉴，使其更好地契合学生的阶段性想法，产生更广泛、更有效的影响力。另一方面，了解学生对上一次讲座的反馈，有利于了解学生的想法，可以在下一次讲座中及时做出调整，并且便利了学生对讲座的交流，增加了互动，可以将讲座的内容进行二次传播，使讲座价值在学生的思维碰撞中进行二次挖掘，提高讲座的教育价值和效应。

（二）精雕细琢讲座内容，内化学生参与讲座动力

首先，学生需要更加前沿的知识。我们已经进入大数据时代，学生获取知识的渠道大大拓宽，信息量成倍增长，得到信息的速度也在提升，因此，学生对知识以及其他各个方面的需求也随之提升标准，并且提升速度不断加快。很多主讲人的误区在于，讲授学生已经了解或者可以通过网络学习到的理论和知识，并没有满足学生当下的需求，而满足的是其已经过时的需求，或者外人主观认为的需求。

其次，学生希望讲座内容具有可操作性。当下处于信息爆炸时代，理论信息灌输太多太快，不能充分与实际相结合，学生能够在课堂上学习书本理论，但是实践的机会非常少。因此，主讲人如果想要满足学生的需求，需要做到两点：一是讲授更加前沿新颖的内容；二是讲授实操性强的知识。

（三）以互动体验为导向，打造有针对性的高收获讲座

简单改变讲座形式对学生上座率的提高无效，大多数学生更加倾向参加互动性较强的讲座。目前高校平时的授课模式多以单一传授为主，而一些新颖的授课方式更容易引起学生的兴趣。相对于学校的授课形式，讲座的形式更具有可塑性，学生相应的预期也更高，如果讲座仍然长期为单一传授，则忽略了其形式的可塑性和灵活性，是一种对引起学生兴趣机会的浪费。笔者调查得出，学生更倾向的讲座形式为互动性讲座，沙龙为其中提到频率比较高的一种形式。向本校老师询问得知，学校举办过一些沙龙，但是参与的学生人数并不多。笔者发现，讲座仅通过简单地改变形式无法真正吸引学生的注意。

在改进讲座形式之前，应对讲座的新形式和参与群体的性质有深入的认识，进行兴趣横向分析。沙龙面向的群体有比较强的社群性，并随着主题的改变而改变。如果想要这种形式可持续发展，需要稳定这一群体，促进其内部的流动。同时，多次举办不同内容的同主题沙龙有利于更多学生有机会参与其中，形成内部的人员流动。总体来说，定期举办统一主题的沙龙有改变现状的诸多可能性利好，是解决现状的办法之一。在创新讲座形式的同时考虑到形式的性质与面向群

体的特点，有助于改善现状。

（四）用科技点睛，打通信息渠道，创造更大影响力

1. 注重价值解释，辅助学生认识讲座价值

在讲座宣传中，笔者认为除了进行必要的信息描述，还应增加其价值体现的阐释。部分学生和老师把讲座的上座率不理想归因于前期宣传不到位。经过调查发现，学生反映获取讲座信息的渠道主要有：班群通知、微博微信公众号、海报、学生告知。大多数学生是否参加讲座，主要取决于其对自身发展带来的变化。因此，笔者建议，校园讲座的宣传除必要的信息告知之外，增加软文的书写，将讲座内容上升到行为和意识的价值实现上，从而使学生产生更直观的感受，提前了解通过讲座可获得的收获，按需求听讲座。

2. 线上线下同时授课，讲座参与率与影响力最大化

基于场地容量与讲座效果最优化的限制，参与讲座的名额有限，一些学生想听讲座却无法参加。笔者建议建立直播系统开展实时线上讲座，让没有听到讲座的学生不留遗憾，但此时需注意与主讲人沟通，避免产生版权等方面的纠纷。本项功能可与线上预期和反馈系统相结合，充分利用现代信息技术的便利，在讲座举办的前期、中期、后期全面提高讲座的有效性和影响力。

（五）宏观政策支持，伴随精细化辅导

笔者建议校院双方建立畅通的合办渠道，增加合办场次，同时各学院加强专业知识与大众化内容的磨合。例如，法学院可举办普法讲座，统计学院可举办大学数学学习方法的讲座，等等。学院加强与学校之间的深入对接有助于利用学校的资源提高邀请专家的质量，让本专业的学生接触到外院的资源，扩展视野，提高综合素质。同时，让外专业的学生增加对本专业的认识，为其职业生涯提供一种新思路、新方向。学校与学院的对接有利于充分调动全校的资源，实现资源的有效利用，使得效用最大化，推动学生的全面发展。

四、结语

青年兴则国兴，青年强则国强。面对疆界变化背景下多元讲座的冲击，社会变动背景下流行文化的更迭，技术变革背景下多元文化的洗礼，我们需要巩固大学讲座的价值理念主导地位，增强文化载体的设计感，增加培育栋梁人才土壤的养分，从而培育出兴国、强国的社会主义接班人。

参考文献

［1］王亚萍，郑秋娟．校园讲座对理工科大学生人文素质教育的影响：基于江苏理工学院大学生人文素养讲座的案例研究［J］．江苏理工学院学报，2014，

20（3）：100－104.

［2］曾剑雄，宋丹，高树仁．大学生第二课堂研究：历程、焦点与前瞻：基于1999—2016年CNKI的文献述评［J］．重庆高教研究，2017，5（6）：119－127.

［3］范德格拉夫．学术权力：七国高等教育管理体制比较［M］．杭州：浙江教育出版社，2001：139.